让行为规范教育更科学更高效

——从被动到主动的实践探索

贾永春　徐晶星◎著

华东师范大学出版社

·上海·

图书在版编目(CIP)数据

让行为规范教育更科学更高效：从被动到主动的实践探索/贾永春,徐晶星著. —上海：华东师范大学出版社,2017
(中小学学生成长指导系列丛书)
ISBN 978-7-5675-6499-2

Ⅰ.①让… Ⅱ.①贾…②徐… Ⅲ.①中小学生-行为规范-德育-研究 Ⅳ.①G631

中国版本图书馆 CIP 数据核字(2017)第 249334 号

让行为规范教育更科学更高效
——从被动到主动的实践探索

著　　者　贾永春　徐晶星
项目编辑　范耀华
审读编辑　黄　山
责任校对　王丽平
装帧设计　俞　越

出版发行　华东师范大学出版社
社　　址　上海市中山北路 3663 号　邮编 200062
网　　址　www.ecnupress.com.cn
电　　话　021-60821666　行政传真 021-62572105
客服电话　021-62865537　门市(邮购)电话 021-62869887
地　　址　上海市中山北路 3663 号华东师范大学校内先锋路口
网　　店　http://hdsdcbs.tmall.com

印　刷　者　浙江临安曙光印务有限公司
开　　本　787×1092　16 开
印　　张　14.25
字　　数　206 千字
版　　次　2017 年 10 月第 1 版
印　　次　2022 年 2 月第 3 次
书　　号　ISBN 978-7-5675-6499-2/G·10376
定　　价　34.00 元

出 版 人　王　焰

(如发现本版图书有印订质量问题,请寄回本社客服中心调换或电话 021-62865537 联系)

目 录

▶ **丛书导读** / 1

▶ **序言** / 1

▶ **第一章　行为规范教育的理论基础** / 1

一、概念辨析 / 2
二、理论依据 / 3
三、核心理念 / 13

▶ **第二章　行为规范教育的目标与内容** / 17

一、确立依据 / 18
二、总体目标 / 27
三、具体内容 / 29

▶ **第三章　行为规范教育的方法** / 37

一、榜样示范 / 38
二、行为训练 / 47
三、认知学习 / 56
四、自主管理 / 69
五、道德辨析 / 86
六、评价导向 / 91
七、个别化教育 / 103

▶ **第四章　行为规范教育的途径** / 117

一、系统实施 / 118

二、校本课程 / 129

三、主题班会 / 142

四、实践活动 / 159

五、班集体建设 / 176

六、家、校、社共育 / 191

▶ **结　语** / 213

学校教育充满着刺激与挑战,教师成长是一个漫长而复杂的历程,职业培训伴随着教师的整个教育生涯。三十多年的教育教学使我逐步意识到,校园生活会综合作用于学生的成长,相应的,教师也需要综合的成长,必然经历从青涩地专注于课堂,发展到全面思考生活对学生产生的影响,以及如何更好地综合发挥多方面教育因素的积极作用。

目标:

"学生成长指导系列丛书"旨在构建以"提升教师综合素养"为出发点,指导和服务于"学生成长"的教师培训综合课程。学生成长过程中,不仅需要明确基本的道德行为准则,拥有良好的心理素质,也需要高位的核心价值引领,丰富情感体验和精神世界,实现个性成长。与之相对应地,从教师专业发展的角度来看,也需要从关注课堂教育教学技能转向关注教师的综合素养提升,并对于知识、课程有融通的思考,对学校教育有综合、全面的认识,唯有如此才能引领新时期学生的成长。

本丛书希望帮助学校管理人员和普通教师实现以下目标:

1. 以校园传统节日活动设计为例,掌握低结构、跨学科的综合实践课程设计的基本模式和策略,并学会反思重建。

2. 掌握学生道德规范养成的基础理论及一般培养路径,并能创新实践。

3. 学习指导学生进行自我认识、自我规划、自我调整及自我发展的相关知识,促进教师自身专业成长。

4. 通过主题班会,能贴近学生生活实际和成长需要,学会各种教育资源的合理运用,将社会主义核心价值观教育落细、落小、落实。

为了实现上述目标,本系列丛书中提供的是一种在实践中认识教育的真实视角,为学校管理者和一线教师提供一些启发和反思教育实践的机会。

内容:

本系列丛书分为 4 册:

第一册《让中华传统文化教育"活"起来——校园里的中华传统"节"语》,以传统节日主题教育活动为载体,关注学生兴趣和年段特点,沿着"认识感知——情感体验——文化认同"的路径,注重活动整体设计,强化教育系统性;整合特色文化资源,提升教育亲和力;创新活动实施手段,增强教育时代感。这使得我们的教育活动能较好地与当下中小学生的心理习惯相适应,并激发传统节日的教育生机和活力,从而唤醒学生的文化自觉意识,促进学生实现道德上的认同。

第二册《让行为规范教育更科学更有效——"从被动走向主动"的实践探索》着眼于学生的终生发展,让文明行为成为学生的习惯,让规范成为学生的信念,培养学生现代生活方式、积极生活态度与良好生活情趣。"怎样根据教育规律科学实施学生行为规范教育?怎样变学生被动遵守规范为主动内化?怎样让行为规范教育方法和载体更与时俱进、符合学生时代特点……"这些是教师在实施行为规范教育过程中最为关注的问题。我们给出了从被动走向主动的学生行为规范教育策略,并从理念和实施两方面着手,指导教师构建实施科学、主动、有效的行为规范教育。

第三册《让社会主义核心价值观教育落细落小落实——主题班会怎么上》着眼于青少年成长的身心特点、文化氛围和社会环境,我们选取个人层面的社会主义核心价值观"爱国、敬业、诚信、友爱",以课堂教育为主渠道,集结相关名师、专家、学者,共同探讨如何将社会主义核心价值观在中小学生中落细、落小、落实,打造学生喜欢和受用的分年段系列化社会主义核心价值观主题教育活动。

第四册《让学生从容面对未来发展——如何做学生的生涯导师》着眼于学生的未来发展,促使教师在学习和实践中,提升对学生发展的指导力,帮助学生在充分认识自我和社会的基础上,获得合理设计和选择自己的学习、升学和未来职业的知识与能力，从而为获得幸福的人生与提升生命质量奠定基础。

致谢：

因为教育的综合性和复杂性，对自己专业以外的知识，都委托同事撰写，贾永春、徐晶星、陈耀清、顾彩娟、李攀、陈滢老师都对本系列丛书作出了很大的贡献。

同时在书籍编撰过程中也向谢诒范教授、黄向阳博士、严芳博士、何美龙校长、龙一芝所长、余玲华女士等相关领域专家请教，他们给予了宝贵意见，提供了大量资料。

本书的实践案例，都由学校和教师提供，并愿意与大家一道分享。

感谢负责出版的老师，他们的工作促成了整个系列丛书的诞生。

最后，我怀着诚挚的敬意向所有为本系列丛书的出版提供帮助的人表示深深的谢意。

闵行区教育局　恽敏霞

"少成若天性,习惯如自然。"——孔子

"习惯之形成就是教育。"——培根

"一切教育都归结为养成儿童的良好习惯,往往自己的幸福都归于自己的习惯。"——洛克

"首先我们养出了习惯,随后习惯养出了我们。"——德莱敦

"良好的习惯是人在神经系统中存放的资本,这个资本不断地增值,而人在其整个一生中享受它的利息。"——乌申斯基

行为规范之于社会生活。 行为规范是在现实生活中根据人们的需求、好恶、价值判断而逐步形成和确立的,是社会成员在社会活动中所应遵循的标准或原则,由于行为规范是建立在维护社会秩序理念基础之上的,因此对全体成员具有引导、规范和约束的作用。引导和规范全体成员可以做什么、不可以做什么和怎样做,是社会和谐的重要组成部分,是社会价值观的具体体现和延伸。

行为规范教育之于学校。 康德在《论教育学》中指出,"对一个人施加一定的强制,是为了指导他去运用自己的自由"。即通过行为规范教育,我们希望学生可以拥有自我调控的能力,对于哪些事情可以做、哪些不可以做,能够具有自由意志,这样的人才是自由的人。因为从社会学角度来说,任何一个人的自由都是有边界的,行为规范教育就是实现人类共同生活和享有共契精神的教育,简单讲就是为了人类更好地生活、更好地处理人与人之间的关系。中共中央、国务院《关于进一步加强和改进未成年人思想道德建设的若干意见》中也指出,未成年人思想道德建设的四项主要任务之一是"从规范行为习惯做起,培养良好的道德品质和文明行为"。

这是国家对德育基础工作和重点工作的明确要求和导向。

行为规范教育之发展。我们正处于一个高速发展的时代,不断面临新挑战,人们的生产和生活方式随时都在调整变化。信息化使得网络世界成为了人们的重要生活境遇,人类社会原有的社会规范和约束机制在网络上变得脆弱。部分家长,乃至学校、教师在中小学生教育方面过分关注考试成绩,对学生终身发展具有重要意义的行为习惯关注太少,速成的发展观念使阅读、劳动、公益环保等行为习惯的培养没有引起足够重视。社会不断发展带来行为规范的新要求,学校行为规范教育也必须与时俱进加强研究和实践,既需要总结已有的经验,也需回应时代的要求。

本书将重点围绕以下几个方面,就我们在学校行为规范教育中的所思所得与各位读者进行分享和交流:

增强行为规范教育的科学性。对于行为规范教育,不少学校和一线教师习惯于或者满足于沿袭前人已有的经验,缺乏对于学校、学生实际的客观分析以及对于教育学、心理学、社会学、管理学相关理论原理的学习和借鉴,虽然有时取得了暂时的效果,但由于缺乏科学性,效果不能持续或者遭到学生厌恶,教育者也不能站在更高的层面去理解、设计和实施行为规范教育。而我们将对行为规范教育的相关规律进行系统研究和梳理,以飨读者和同行。

加强行为规范教育的层次与统整。不少学校的行为规范目标与内容的制定欠缺适切性,主要表现在对年段年级差异关注不够,如初中、高中行为规范目标差别不大;各种方法、途径之间缺乏整体设计和统整,不能将行为规范教育系统化进行。加强行为规范教育的层次性和统整性,这是我们的重要研究内容,在本书中您也将看到我们就此进行的一些探索和实践。

注重发挥思想引领的教育力量。脱离了思想引领的行为训练是机械无意义的,思想引领有助于学生真正理解行为规范的价值和意义,从而发自内心地遵守规范,让规范成为信念的一部分。有些学校忽视思想引领,没有充分调动学生对于行为规范教育的自主性和积极性。就此,我们采用多种方法、途径,在行为规范教育中发挥思想引领的作用,让学生从被动走向主动,取得了明显实效。

提升行为规范教育家校社合力。 与家庭、社会教育有效联合，改变单向、低层次的家校联系，尽可能获得家庭的理解、认同、支持和参与，促使家长、社会积极参与孩子的行为规范教育，是我们所希望的，也是行为规范教育实效性提升所必需的。本书也将呈现给您在这方面我们的思考和实践。

探索网络空间的学生行为规范教育。 互联网在我们的日常生活、工作、学习中扮演着越来越重要的角色，并已成为我们生活中重要的一部分，这是我们不可逆转的生存境遇。在这样一个特殊的时空里，行为规范教育应不应该存在，应该以怎样的姿态存在，是教育者需要思考的重要命题。对此我们也有一些思考和应对，本书将一并分享给教育同仁。

学校行为规范教育的开展，关乎班风、校风，甚至关乎国家文明程度和国民素质。对于学生生活的主要公共场所班级和学校，良好的班风和校风要靠大多数学生的符合规范的行为表现来形成、维持和引领；而对于全体公民共同生活的社区、城市、国家来说，文明的城市风貌、良好的国家形象也要靠千千万万具有较高文明素养和道德品质的公民来支撑。着眼于学生的终身发展，让文明行为成为学生的习惯，让规范成为学生的信念，培养学生现代生活方式、积极生活态度与良好生活情趣，会使学生终身受益，也是教育的使命。衷心希望我们这本《让行为规范教育更科学更有效——"从被动走向主动"的实践探索》能从理念和实施两方面着手，有助于教师构建实施科学、主动、有效的行为规范教育。

第一章　行为规范教育的理论基础

▶ 一、概念辨析

道德　道德是以善恶评价的方式来调整人与人、人与社会的关系的标准、规范、原则。在指向内的层面上,道德所指的含义就是品德。在指向外的层面上,判断一个人道德不道德,是根据其公开的道德行为。从大的范围来讲,道德体现为各种规范、各种原则,行为规范就是道德规范。

道德行为　道德行为亦称伦理行为,指在一定的道德意识支配下表现出来的有利或有害于他人和社会的行为,泛指具有道德评价意义的各种举动和行为,包括道德行为和不道德行为。前者指符合一定的道德原则和规范,被人们肯定的道德行为;后者指违背一定的道德原则和规范,被人们否定的道德行为。此外还有一类行为,行为本身并非出于道德意识,也不涉及他人和社会的利害,既无道德意义,也不能从道德上进行善恶评价,这类行为称之为非道德行为。如无知婴幼儿的胡乱作为,精神病人的痴语[①]。

行为规范　行为规范是由一定的社会组织根据一定社会生活方式、价值观提出并要求其成员共同遵守的行为标准和要求,是社会经验之一,是教育系统中用以使学生形成相应品德的手段或工具[②]。中小学生行为规范,主要包括以学习习惯、生活习惯等为代表的个人行为习惯,以及以交往礼仪、校园集体规范和社会公共规范为代表的公共道德行为规范。

个人行为习惯　本书所谓个人行为习惯是指在个体的学习、生活和做事等方面起积极作用的,适应了人的正常需要且对人具有正向价值导向的行动方式。它一旦形成,就会自动地体现在人们的行为中,成为人的不可缺少的东西,若不按行为习惯去做,就会产生不愉快、不舒服,甚至苦恼的情绪,具有后天性、稳固性、自动

---

① 时蓉华. 社会心理学词典[M]. 成都:四川人民出版社,1988.
② 冯忠良. 关于行为规范及其接受条件的认识——行为规范及其接受规律探索之一[J]. 北京师范大学学报(社会科学版),1992(1):48 - 53.

性、情绪性的特点。

公共道德行为规范　本书所谓的公共道德行为规范,是参照《中小学生守则》、《中小学生日常行为规范》和《公民道德建设实施纲要》等梳理出的在学生校园集体生活和社会公共生活中必须共同遵循的最起码、最简单、最基本的行为准则,如遵纪守法、爱护公物、保护环境、助人为乐、诚实守信、网络自律等,是校园集体生活和社会公共生活和谐、有序的基本保障。

中小学行为规范教育　本书中所指的中小学行为规范教育是着眼于学生的终身发展,遵循学生的身心发展规律,尊重学生个性、自主性发展,根据社会发展的要求,有目的、有计划、有组织地以各种方式对学生施加影响,培育学生良好的个人行为习惯和公共道德行为规范的养成教育。行为规范教育是一种习惯教育,但又决不是单纯的行为习惯的教育,是与内心的理性启蒙和自我教育相联系、相统一的;是一种长时间的、循序渐进的,注重自我养成与周围环境和谐相处以及培养个性的道德教育①。它以行为教育作为开端,但又不拘泥于行为;以行为的训导作为中心,同时又向意志、情感、认识等方面辐射,注重引导学生在行为态度上对行为规范本身的价值和意义深层次地理解、认同和践行,并最终整合为道德品质。

▶ 二、理论依据

(一) 教育思想

众多中外教育学、心理学理论研究成果中蕴含着丰富的道德教育思想,对开展行为规范教育具有极其重要的指导意义。本书简要梳理了以下一些内容。

1. 科尔伯格道德发展阶段论

美国当代心理学家、教育学家科尔伯格提出了著名的道德发展"三水平六阶

---

① 江涌. 初中生养成教育研究——以昆山市新镇中学等学校为例[D]. 苏州大学,2013.

段"学说。前习俗水平包括服从与惩罚定向阶段和天真的利己主义阶段,处在这级水平的儿童,往往根据行为的具体结果而非常规的道德准则或社会期望来判断;习俗水平包括"好孩子"定向阶段和尊重权威与维护社会秩序定向阶段,儿童已能理解维护家庭或社会期望的重要性,而不理会那些直接和表面的结果;后习俗水平包括履行准则与守法定向阶段和良好的道德定向阶段,儿童力求对道德价值和原则做出自己的解释,在评价时能超越普遍原则,考虑较多的是道德的本质,而非具体道德准则。

科尔伯格对道德发展的研究是从发展心理学的角度出发的。理论的思想渊源主要来自杜威和皮亚杰关于道德发展理论的观点:①道德发展的核心是认知;②促进道德发展的因素是社会交往。科尔伯格认为道德教育具有阶段性和长期性,从道德认知发展层面为养成教育提供了理论依据。他认为直接向学生教授道德知识的"灌输"式教育方式是不可取的,他创造了道德两难的问题情境,是了解和推动儿童道德认知发展的有效方法,也成为了养成教育中的一种有效手段。同时,他还十分强调环境对于人们道德发展的巨大作用。

2. 关键期理论

与认知、语言等发展一样,学者们认为品德行为习惯也有关键期,即出现转折或飞跃的时期。这时是品德行为教育最易收到效果,或良好的品德特质最易于养成的时段。中外很多学者(如皮亚杰、林崇德等)都对此进行过大量的实证研究,得出了一些可供教育者参考的研究结果,部分如下。在关键期不失时机地培养学生形成各种终身受用的良好习惯,可以促使他们的学习和生活变得自信而合理,能力得到高效的释放。

利他行为、利他观念　发展转折期在 10 岁左右

分享、助人行为和观念　转折期在 7—9 岁之间

品德习惯　关键期在 9 岁左右

自我控制能力　以 7 岁为转折点,在此之前随年龄增长而提高,此后其发展呈现为一种"高原"现象

道德情感　9岁左右是道德情感发展的转折期

集体观念　约9岁左右,儿童集体观念发生重大变化

纪律观念　7—8岁,9—10岁这两个阶段,纪律观念发展较快,是学生纪律观念发展的关键期

自我意识　12—15岁左右是形成关键期

价值观、人生观　青年初期:14、15岁—17、18岁

3. 行为主义理论

行为主义理论由美国心理学家华生在巴甫洛夫条件反射学说的基础上创立,主张心理学应该屏弃意识、意象等太多主观的东西,只研究所观察到的并能客观地加以测量的刺激和反应,毋须理会其中的中间环节。华生认为,"行为都是经过学习而获得的,也可以通过学习而更改、增加或消除,查明了环境刺激与行为反应之间的规律性关系,就能根据刺激预知反应,或根据反应推断刺激,达到预测并控制动物和人的行为的目的"。他强调,行为就是有机体用以适应环境刺激的各种躯体反应的组合,有的表现在外表,有的隐藏在内部,在他眼里人和动物没什么差异,都遵循同样的规律。行为主义理论认为行为习惯、道德规范不是由遗传得来的,它是在后天的生活环境中习得的。因其可操作性,行为主义理论在教育中得到了充分的运用。尤其是在学生的良好行为塑造和不良行为改造方面,如何科学运用表扬、批评、惩罚、暗示乃至环境影响,华生、斯金纳、托尔曼等大师的行为主义思想给我们留下了丰富的可供挖掘的教育财富。

4. 社会学习论

美国著名心理学家班杜拉提出了社会学习论,认为观察学习也是学生在行为习惯养成中的一个重要机制,儿童社会行为的习得主要是通过观察、模仿现实生活中重要人物的行为来完成的。在观察一个榜样后,人们会不自觉地想:如果我也像他/她那样,就能获得同样的好处,或者避免同样的惩罚。

观察学习的过程分成四个阶段:(1)注意阶段。儿童往往更倾向于选择那些

与自身条件相类似的或者被他认可为优秀的、权威的、被得到肯定的对象作为知觉的对象。(2)保持阶段。记住他在注意阶段已经观察到的榜样的行为,并用言语编码的方式存储于自身的信息加工系统中。(3)复制阶段。提取从榜样情景中习得并记住的有关行为,在特定的环境中模仿。(4)动机阶段。在现实生活中,个体却并不一定在任何情景中都会按照榜样的行为去采取自己的反应,班杜拉认为这主要由于"机会"或"条件"不成熟,而"机会"或"条件"的成熟与否则主要取决于外界对此行为的强化程度。

按照班杜拉的理解,对于有机体行为的强化方式有三种:一是直接强化,即对学习者做出的行为反应当场予以正或负的刺激;二是替代强化,指学习者通过观察其他人实施这种行为后所得到的结果来决定自己的行为指向;三是自我强化,自我强化参照的是自己的期望和目标。例如,在一次跳绳比赛中一个学生对自己跳了150次而欣喜不已,而另外一个同样成绩的学生则懊丧不已。

在教育中,教育者们对于榜样的树立和运用一直非常重视,但简单化运用的趋势明显。行为规范教育中如何更自然、巧妙地发挥学生对良好行为规范的观察学习,依然是值得我们研究的。

5. 杜威习惯理论

在杜威的教育理论中,习惯是一种固定化或模式化的行为方式或思维方式,是稳定的、难以改变的倾向。习惯来源于过去经验、信息的积累,是人们经过尝试各种方法逐渐积累起来的。由于对未知的、变异的和新奇的东西的恐惧,人们总是执着于凝固的信仰和习惯。

杜威重视习惯的理智性和主动性,反对僵硬的、机械的技能,理性的习惯使我们控制习惯而不是被习惯所控制。他认为:"习惯通过经验而有所改变,这种改变造成一种倾向,使将来在同样情况下行动更加容易,更加有效。""习惯包括各种态度的养成,情感的和理智的态度,包括我们在生活中遇到的怎样对付和反映各种情况的基本感受和方法。"他提出了"生活教育",指出除了通过学校生活及各科教学来对学生进行间接道德教育外，更应注重社会实践，让学生直接参加社会生活，让他们在社会生活中受到应有的道德训练。

6. 陶行知的教育思想

近代人民教育家陶行知，通过躬耕实践，创办学校，把自己的教育理念和方法付诸实践，形成了他的生活德育思想理论：以"教人求真"、"学做真人"为目标，包含爱的教育、理想信念教育、法纪教育、人格教育、政治教育和民主教育等方面内容，倡导"教学做合一"的德育方法。即以"做"为中心，在"做"中教，在"做"中学，师生都要边教边学边做。在长期的德育实践中，他还探索出了"师生互学"、集体生活、学生自治、劳动教育、家庭德育等多种实施途径。

总之，不同的理论带给我们不同的思考和启发，共同形成我们实施学校行为规范教育的基础依据。如：科尔伯格道德发展阶段论提示我们要注重行为规范教育中的道德认知教育；关键期理论告诉我们要顺应和把握成长关键期，让教育事半功倍；行为主义理论强调行为规范教育中的外部强化和激励的重要性；社会学习论关注榜样示范、环境营造；杜威习惯论提醒我们行为规范教育需要注重社会参与；陶行知的教育思想告诉我们注重教育实施的多种途径。

（二）形成机制

行为规范作为道德的行为外显和物化形态，必然有其自身的形成规律和心理机制，这是我们进行行为规范教育的前提。

1. 神经科学意义上的习惯形成

神经科学研究者对习惯形成进行了大量研究，发现习惯形成是操作性条件下的学习过程，是刺激与反应建立联接的过程。即习惯是经过长期重复或联系而固定下来的行为方式，或者说是经过反复练习而养成的行为的自动化。与习惯形成相关的另一个相关术语是"习惯化"（habitation），习惯化是一种非联接性学习，是一种最简单的内隐性学习，它指的是随着刺激反复出现，反应逐渐减少，内化为自身的行动。习惯形成最初用在生物学领域,指的是生物体适应环境,形成生理习惯的过程,后来习惯逐渐用在婴幼儿的认知发展、信息加工能力、智力发展的研究。习惯形成理论中最有影响力的是索科洛夫的刺激模型比较理论,该理论认为,刺激反复出现,导致中央神经系统建立起习惯化的刺激。

《习惯的力量》①一书中提到,麻省理工大学大脑和认知实验室的科学家们用老鼠做了系列实验,发现了有趣的习惯回路以及基底核与习惯之间的紧密关系。实验中老鼠被放在一个T形迷宫中,迷宫另一端放着巧克力。然后科学家们通过植入在老鼠颅腔内的微电极来监控老鼠的脑部的活动。实验发现,一开始,老鼠的脑部信号尤其是基底核,非常活跃;但等重复上百次以后,老鼠穿过迷宫的速度越来越快,大脑活动也开始变化,它们的思维活动开始减弱,每只老鼠的思考越来越少。而基底核这一微小、原始的神经结构似乎取代了大脑的工作。老鼠熟悉了路线,极速前进,找到巧克力,这个过程被称为"组块化",即大脑将一系列行为变成自动的惯常行为,这是习惯形成的基础。这个过程是一个由三步组成的回路(如下图②):第一步,存在着一个暗示,能让大脑进入某种自动行为模式,并决定使用哪种习惯;第二步,存在一个惯常行为,这可以是身体、思维或情感方面的;第三步则是奖赏,这让你的大脑辨别出是否应该记下这个回路,以备将来之用。

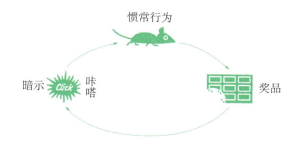

发现这样一个习惯的回路非常重要,不仅仅因为如果没有习惯回路那么日常

① 【美】查尔斯·都希格. 习惯的力量[M]. 吴奕俊,陈丽丽,曹烨,译. 北京:中信出版社,2013.
② 插图选自【美】查尔斯·都希格. 习惯的力量[M]. 吴奕俊,陈丽丽,曹烨,译. 北京:中信出版社,2013:18.

生活中的琐事将占据一切,更是因为了解了这一原理之后,我们可以分解并调控习惯,也可以忽略、改变并替换原有的习惯。例如,在"看到甜甜圈就去拿一个吃"这一习惯中,暗示是"看到甜甜圈",惯常动作是"拿一个吃",获得的奖励是"摄取糖分"。但我们可以学习去创造能压制惯常习惯引发的常规神经活动,比如用"跑步锻炼"的行为来代替"拿一个吃"的行为,也就是控制习惯回路,从而把坏习惯压制到幕后。而且研究表明,一旦新模式诞生,那么跑步锻炼或者对甜甜圈视而不见就会像其他习惯一样变成自然而然的活动。而新模式诞生的关键,是一定要了解原来因坏习惯得到的奖赏是什么,并重新调动起大脑的理智反思,或者说改变它原来的思维习惯。

2. 行为规范的内化阶段研究

个体对行为规范的学习过程,即将外在于自己的行为要求转化为内在行为需要的过程,叫做行为规范的内化[①]。内化的外显标志是个体外在规范行为的发生。一般认为,典型的内化机制有顺从、仿效和信奉。不同机制产生不同的内化水平,规范行为的稳定性与内化水平高低相一致,而内化水平高低正是反映于规范行为建构时的被动性和主动性的差异,即内化水平从低到高不断发展的过程遵循着"从被动走向主动"的特点。

内化的初级阶段——顺从

顺从是最初级的内化,指主体对行为规范的必要性、意义和价值缺乏认识,甚至在有抵触的认识与情绪时,既不违背,也不反抗,仍然遵照执行。顺从具体又分为从众和服从。从众就是常说的"随大流",服从指遵从权威的命令或现实的压力。人的行为很容易被周围的人、被当时所处的情境所影响,所以在教育中,我们注重班集体良好风气的营造,产生一种情境压力,利用班集体中的从众效应,引发更多符合行为规范的积极行为是不无道理的。通过科学设置合适的外在压力,比如奖励和惩罚,可以有效引发学生的服从行为,减少不合规范的行为。

---

① 冯忠良,等. 教育心理学[M]. 北京:人民教育出版社,2000.

顺从的主体仅仅认识到遵守规范是满足某种需要或消除惩罚的工具,因而行为规范的内化程度是较浅的,执行行为规范的内在态度机制是薄弱而不稳定的,相应的行为表现也可能时好时坏,有很大的局限性,表现出皮亚杰所讲的他律阶段和科尔伯格所讲的前习俗水平的主要特点。行为规范教育不能仅满足于使学生顺从,但也不能忽视顺从的积极作用。一是由于顺从不会因更高水平的内化机制的出现而消失。二是由于学生在顺从中可以学到行为规范的执行方式,并随着行为的不断实践,可以不断加深认识和体验,从而使内化过程向更深程度发展。

内化的一个关键阶段——仿效

仿效是指主体主动接受榜样(即规范的体现,可以是人、事或物)的影响,使自己的态度和行为与之相接近,其出发点是试图与榜样一致。又有认同学习、观察学习、社会学习、模仿学习、替代学习等名称。仿效学习中,主体虽然对规范必要性的认识和体验仍是模糊的,但确立起了对规范体现者的崇拜仰慕的情感以及行为趋同倾向,即我们常说的"身教重于言教"。

研究表明,榜样的很多特征影响着仿效学习的发生。榜样应该是学生认同并认为值得学习的对象,它必须对学生具有吸引力,能激起其认同需要和仰慕心理。那些与学生的需要、兴趣、爱好、年龄、性别及社会背景越相近的榜样,越能成为学生仿效的对象。这些相似性带给学生一种可接近感,同时榜样在某方面的"略高一筹"又能激发学生设定自我发展、自我完善的适切目标,不致使其产生"可望不可即"或"望洋兴叹"的心理。

仰慕情感为自觉遵从态度提供了动机因素,仿效行为进一步为自觉遵从态度提供了执行方式。因此仿效也是确立行为规范自觉遵从态度的开端。但仿效并不是内化的最高阶段,因为单单靠仿效获得的认识与体验往往是感性的、零散的,有待于进一步的概括化与系统化。

内化的最高阶段——信奉

我们常说的"内化"准确指代的便是"信奉"。信奉表现为主体的行为是由行为规范背后所蕴含的价值信念所驱动的。行为规范的意义、价值是主体自觉追求的一种强大行为动机,并已纳入主体自己的准则体系中。主体不仅能做出合乎行为规范要求的行为,同时对它的价值有了深刻的认识与情感体验,还确立了行为的监控系统,如果主体践行行为规范的内在需求被满足,就会"心安理得";反之就可能会产生消极的情绪体验。

我们可以从以下两个大的方面加以尝试,创造有利于学生信奉的条件。一是加强价值引导。通过认识行为规范结果的价值和价值澄清方式让学生认同规范。二是丰富学生情感体验。采用直观、形象、生动的教育手段,避免空洞、抽象,通过因果推理、换位思考,体验行为主体的情绪情感,增强道德敏感性。

这三种内化机制无论阶段高低,将一直存在,顺从和仿效学习不会随着年龄的增长和智能的发展而被信奉学习全部取代。但不同的年龄阶段三种水平扮演的角色是不同的,在幼儿、小学阶段,顺从和仿效学习是最主要的内化方式,随着道德认知水平提高,信奉学习逐渐变得重要和主要。

(三) 基本原则

学者们从教育学和教育实践的角度进行研究,提出了行为规范教育的五性,即日常性、早期性、践行性、系统性、主体性[①],并将它们视为行为规范教育缺一不可的要素。

日常性。这是指行为规范教育是一种生活化的德育,渗透到学生日常学习生活的方方面面,而不是仅限于德育课或课外活动。早期的行为规范教育一是强调"细",即抓住日常生活中的每一件小事,教会学生相应的行为规范,使学生牢记规范要求,逐渐养成文明的行为习惯;二是强调"严",即对任何一次错误都要及时纠正,并长期不懈坚持抓。

早期性。这是指行为规范教育要趁早,对于生命个体而言愈早愈好。从《易经》到《孟子》,再到《种树郭橐驼传》,古人多有真实的经验记载和中肯的论述。"关

---

① 黄河清,等 . 养成教育定义新探[J]. 湖北第二师范学院学报,2011(10):95-98.

键期"理论也认为,中小学是培养很多良好习惯的最佳时期。中央 1988 年发布的《中共中央关于改革和加强中小学德育工作的通知》,完全就是针对"中小学生"的。可见"早期性"这一特征,一方面是对中小学阶段的重视,另一方面也是对传统文化和科学规律的重新审视,意味着要纠正以往的儿童德育成人化、片面抽象拔高等不符合儿童发展规律的做法。

践行性。这是指行为规范教育强调在"活动"中促进"知情意行"的提高和升华。反对"唱高调"、"形式化",拒绝强行灌输。在早期,由于道德情操和心理品质的行为规范教育很难通过推行一个便于操作评价的标准去落实,所以一定程度上窄化了很多中小学教师对行为规范教育的理解,有人甚至认为行为规范教育仅仅是遵守《中小学生日常行为规范》的教育[①]。但随着时间的推移,教育者慢慢开始重视在活动中、在真实的生活中让学生培养和践行良好的行为习惯。

系统性。是指在行为规范教育融入学生日常生活方方面面、融入学校教育整体的同时,也同样能够自成一体。主要体现为行为规范教育目标的序列化,教育实施的条理化,教育资源的整合化。教育目标上体现为根据不同年龄阶段学生的特点,制定差异化的目标,目标之间体现层次和递进,从而引领学生道德水平和行为习惯的持续进步。教育实施上教育方式方法与各种途径按照一定的计划执行,各途径、方法之间呈现协同关联,体现年级年段的重点和难点。教育资源上则能够统整家庭、学校、社会的力量。

主体性。是指学生在行为规范教育的过程中,在个人习惯和公共道德规范的养成中,具有主动建构而非被动接纳规范的能力。这就意味着教师需要关注学生的生活状态,以及处理好共同规范与个性张扬、继承与创新之间的关系。这也是本书想要通过我们的实践和研究来重点体现的一个核心思想,在下面一部分中,还将进一步对此加以阐述。

---

① 江涌. 初中生养成教育研究——以昆山市新镇中学等学校为例[D]. 苏州大学,2013.

▶ 三、核心理念

基于行为规范教育的基础理论、心理机制、基本原则的研究,我们逐步确立了本书的核心思想:从被动走向主动。

道德有三个层次:道德理想、道德原则和道德规则。道德理想是学校提倡的、希望学生去追求的最高道德境界;道德原则是在一般情况下必须遵守、特殊情况下可以变通的道德要求;道德规则是学校强制执行的学生必须遵守的道德要求①。道德规则是对学生行为的具体要求,道德原则是对道德规则的一般概括,道德理想又是对各项原则的高度概括。例如:做一个善良的人,同情弱小,不侮辱残疾人,分别指向了道德理想、道德原则和道德规则。道德理想具有激励和导向功能,道德原则具有指导功能,道德规则具有约束功能。规则不能穷尽,一定需要理想和原则的指引,规则不能贫乏,否则就是理想泛滥,无从落实。以道德倡议的形式进行行为规范教育,不足以约束学生的不良行为,反之,以道德指令的方式实施理想教育,则会对学生提出不切实际的要求,起不到激励高尚行为的作用。从人的成长和行为规范教育过程而言,也就对应有三个层次:道德规则执行、道德原则认同、道德理想树立。一般而言,个人行为总是遵从这样的规律,即从道德规则的被动执行,到道德原则认同和道德理想树立,发展为从道德理想、道德原则出发推演执行道德规则,即实现行为规范教育的最终目标,个人行为外在体现为良好习惯,内在受道德指引和支撑。这也就意味着学校开展行为规范教育要符合从被动到主动的发展历程。

道德规则执行、道德原则认同、道德理想树立三者表现在行为上,都体现为能做出规范的行为,但不同之处在于,其背后的心理机制和规范行为的稳定水平是不同的。如果对应于行为规范教育内化机制的话,道德规则执行对应于顺应,道德原

---

① 黄向阳.德育原理[M].上海:华东师范大学出版社,2000:101-102.

则认同对应于仿效,道德理想树立对应于信奉。行为规范内化机制的研究也告诉我们,不同机制产生不同的内化水平,规范行为的稳定性与内化水平高低相一致,而内化水平高低正是规范行为建构时的被动性和主动性差异的反映。处于顺应和仿效阶段的内化,建构时被动性较强,其规范行为的稳定程度也较弱,而处于信奉阶段时,建构时主动性强,规范行为的稳定程度也最高。皮亚杰、科尔伯格的道德发展理论也主张,较高的道德发展阶段一定表现为道德行为是受到个体内心逐渐建构起来的公正、正义等普遍伦理指引的主动选择。这些行为规范教育内在的机理其实都是在提示我们,中小学生的行为规范教育应该从被动走向主动。

从教育方法角度来说,也遵循着从被动走向主动的过程。行为训练简单、明确,但可能有时枯燥、乏味,学生相对来说处于较为被动的地位,尤其是对于中学生来说,可能有时会反感。自主管理对学生能力要求较高,对于中学生能充分发挥其主观能动性,能提升行为规范教育的内化深度和教育效果,但对于小学生可能有时对能力要求过高。因此,可能对于较小年龄段的学生,行为训练比重会多一些,随着年段发展,教育者需要考虑教育实施中不断发展学生主动建构的重要性。当然,在较小年龄段,充分利用各种因素调动学生主动自觉参与行为训练也十分重要。即教育者在行为规范教育实施过程中,需要从兴趣、能力等各个方面化学生被动参与为主动建构。

在学生发展过程中,有时会出现各种不良行为习惯,开展行为规范教育可以对不良习惯的矫正有所帮助,但此时的行为规范教育更多表现的是被动应对,为了让学生的成长过程更加顺利,更重要的是教育者应该提前主动帮助学生建构良好的行为习惯。而行为规范养成教育具有效益的滞后性,养成过程需要经过很长时间才能显现出结果,即培养学生良好行为习惯的目标的实现不是一朝一夕,我们必须事先有一定的教育远见、适切的培养目标,之后再通过良好的教育方法和评价等,最终帮助学生获得某些对于未来成长和发展有利的行为习惯。行为规范养成教育的超前性把握得越好,越能在助力学生成长方面体现主动性,从而产生更少不良行为,也就降低了行为规范教育被动去矫正的情况。因此,从行为规范教育性质层面来说,具有被动应对和主动养成的双重性质,而且两者此消彼长。我们需要更多地去主动养成。

行为规范教育伴随人的发展,应该在充分认识学生道德、心理、生理发展规律的基础上进行长远规划,要基于规律、基于原理、基于学情进行整体设计,分层实施。在行为规范教育的目标与内容上,强调依据实情、螺旋上升,合理把握行为规范教育的内涵和外延。在方法上,强调科学性、针对性、有效性,综合运用训导、说服、榜样、体验、实践等方法,遵循行为规范内化的原理,促进学生从对规范的被动遵守走向主动建构。在实施途径上全面考虑学校对学生行为规范养成影响的各种要素(包括校园环境、管理制度、课程建设、教师示范等),注重综合融通、资源整合、多途并举,增强教育效果。

第二章 行为规范教育的目标与内容

一、确立依据

（一）我国传统

1. 古代的行为规范教育思想

先秦时代教育大师孔子就开始重视孩子行为习惯的培养，他认为"少成若天性，习惯如自然"，即小时候培养出来的品格就好像生来就有的天性，长期形成的习惯就好像完全出于自然。孔子要求把"好学"与"笃行"结合起来，重视"文、行、忠、信"等良好道德行为习惯的教育。南北朝时期的教育家颜之推在《颜氏家训》一书中阐述了丰富的家庭教育思想和方法，提出了"固须早教"的基本观点，对儿童行为习惯的养成有严格的要求，认为"当及婴稚，识人颜色，知人喜怒，便加教诲，使为则为，使止则止"。意思是在孩子刚刚懂事，能够区分人们的喜怒哀乐时，就进行最初的教育，叫做就做，叫停就停。经过常年的教育，就能使孩子养成良好的道德习惯，这比等孩子大了以后再"笞罚"，达到的效果要好得多。

2. 近现代行为规范教育思想

近代人民教育家陶行知，通过躬耕实践，创办学校，把自己的教育理念和方法付诸实践，形成了他的生活德育思想理论[1]。其理论以"教人求真"、"学做真人"为目标，包含爱的教育、理想信念教育、法纪教育、人格教育、政治教育和民主教育等方面内容，倡导"教学做合一"的德育方法。他认为，教学要以"做"为中心，在"做"中教，在"做"中学，师生都要边教边学边做，并在长期的德育实践中，探索出了"师生互学"、集体生活、学生自治、劳动教育、家庭德育等多种实施途径。此外，在近代，蔡元培指出对于学习习惯的培养要在教育实践中亲自躬行，认为教师不能搞注入式教学，而要启发学生"自觉"、"自动"地学习，使学生养成独立思考的能力和习惯[2]。

---

[1] 陶行知.陶行知全集(第五卷)[M].长沙：湖南教育出版社,1995：135.
[2] 高平淑.蔡元培教育文选[M].北京：人民教育出版社,1985：30.

现代思想家梁漱溟强调习惯的养成要通过实践,指出"任何习惯都必待身体实践而后得以落实巩固",而"当习惯未成时,即不够落实巩固时,每要随时用心揣量而行,效率甚低;及至熟练后,不须劳神照顾,便自敏捷而显著成绩"①。现代幼儿教育学家陈鹤琴指出良好的习惯必须从幼儿时期开始培养,如独立生活的习惯、卫生习惯、集体生活的习惯、爱护动物的习惯等。对幼儿进行训练时,应"以游戏为施教之良器",并注意在习惯养成过程中不要有例外,在习惯养成之后,也不要发生与习惯相冲突的事情,因为"养成好习惯难,养成坏习惯容易"。现代教育思想家叶圣陶认为要"养成好习惯,就要在一件一件的事情上去做,而不是向学生的头脑里死灌抽象的知识","在德育方面,应养成接人待物和对待工作的良好习惯;在智育方面,应养成寻求知识和熟习技能的良好习惯;在体育方面,应养成保护健康和促进健康的良好习惯"②。

3. 改革开放以来中小学生行为规范教育的政策演变

1981 年发布《小学生守则》、《中学生守则》。 中小学生守则是对中小学生思想品德和日常行为的基本要求,随着社会发展,经历了几次修改。《小学生守则》、《中学生守则》于 1981 年发布,对中小学生良好行为习惯的养成起到了重要作用。《小学生守则》、《中学生守则》均有十条,内容包括热爱祖国、学习要求、讲究卫生、热爱劳动、生活节俭、遵守纪律和公共秩序、尊敬师长、团结同学、关心集体、拾到东西要交公、诚实勇敢、有错就改等,小学生和中学生守则内容差别不大,只是在少数表述上有差别。

1991 年发布《小学生日常行为规范》。 《小学生日常行为规范》是依据国家正式颁发的《小学生守则》制定的,是国家对小学生日常行为的最基本的要求。其目的在于加强对小学生的文明礼貌教育和行为训练,以促使他们从小养成良好的行为习惯。1991 年颁布的《小学生日常行为规范》,共二十条,为了便于记忆,将其编成三字歌。内容覆盖了《守则》基本内容,并在具体内容上细化。如,在待人礼貌方

---

① 梁漱溟. 梁漱溟全集(第 2 卷)[M]. 济南:山东人民出版社,1990:54 - 59.
② 陈鹤琴. 儿童心理之研究[M]. 上海:商务印书馆,1925:203 - 281.

面,"到他人房间要先敲门,经允许再进入。不打扰别人的工作、学习和休息"。更有对外宾的礼貌,"热情大方,不围观尾随"。在拾到东西的要求上,相比《守则》,除了交公,还可以归还失主,"拾到东西要归还失主或交公",要求更加切合实际,保留了集体主义观念的教育,增加了保护个人私有财产的观念。

1994 年颁布《中学生日常行为规范》。《规范》针对新形势下改革开放复杂多样的社会环境,为了改善中学生养成教育比较薄弱的状况修订而成。《规范》包括五个方面:自我、他人、学校、家庭、社会生活,共四十条,核心内容是指导学生学会正确处理个人与他人、个人与集体、个人与社会的关系,懂得中学生的责任与义务,学会如何生活。《规范》将继承、弘扬中华民族传统美德与中学生日常行为规范教育结合起来。《规范》大部分条文是从正面提出要求的,同时,也有限制性要求,目的是教育学生增强国家观念、道德观念、法制观念。《规范》中包含着良好个性心理品质的培养与教育。要重视对中学生心理健康的教育,注意克服各种心理障碍和独生子女的某些弱点,以培养学生积极进取、勇敢顽强的意志品格。

2004 年修订中小学生守则和规范。随着社会发展变化,中小学生思想道德建设面临许多新情况和新问题,2004 年教育部对上述守则和规范进行了修订,将《小学生守则》和《中学生守则》合并为《中小学生守则》,共十条,对《小学生日常行为规范》、《中学生日常行为规范》的内容进行了必要的调整和补充。在 1981 年守则的基础上,补充了很多内容,注重法律意识和公德观念的培养,重视安全教育、诚信教育、环境保护教育,如"遵守法律法规,增强法律意识,遵守社会公德","珍爱生命,注意安全","热爱大自然,爱护生活环境"。增加了"孝敬父母"的家庭美德教育,增加了"自尊自爱,自信自强"的心理品质的教育。相比 1981 年守则,2004 年修订的守则内容更加全面,但是宏观不具体,删掉了原守则中的"爱惜粮食,不挑吃穿,不乱花钱","按时上学,不随便缺课。专心听讲,认真完成作业"等细节表述,"拾到东西要交公"等要求在守则中被删除,规范中保留。

《小学生日常行为规范(2004 年修订)》增加了"欺负弱小,不讥笑、戏弄他人","虚心学习别人的长处和优点,不嫉妒别人。遇到挫折和失败不灰心,不气馁,遇到困难努力克服"。心理健康品质的要求,增加了"不进入网吧等未成年人不宜入内的场所",顺应网络时代发展的需求提出的要求,删除了"对外宾有礼貌,热情大方,不围观尾随","观看演出时不随便走动,保持安静,演出结束时鼓掌致谢"等内容。

《中学生日常行为规范(2004年修订)》在原来的基础上增加了"正确对待困难和挫折,不自卑,不嫉妒,不偏激,保持心理健康"的心理品质要求。增加了关于社区交往的要求,"待客热情,起立迎送。不影响邻里正常生活,邻里有困难时主动关心帮助"。增加了文明使用网络的要求,"守网络道德和安全规定,不浏览、不制作、不传播不良信息,慎交网友,不进入营业性网吧"。增加了关于生命教育、不参加非法组织的要求,"珍爱生命,不吸烟,不喝酒,不滥用药物,拒绝毒品。不参加各种名目的非法组织,不参加非法活动"。新修订的《规范》关注学生心理品质、生命健康、网络道德与安全、社区和谐等内容,均是在新形势下针对社会发展提出的要求。

2015年修订守则。 2004年版的中小学生守则和日常行为规范对于学生积极开展行为习惯养成教育,取得了显著成效。但在实施过程中也发现了一些问题,如有些规定不符合实际,日常行为规范内容过多且交叉重合等。为此,2012年,教育部启动了《中小学生守则》、两个日常行为规范的修订工作,委托专家进行专项课题研究,并通过座谈会等形式广泛听取教育专家、中小学校长、地方教育行政部门等各方意见。

2015年颁布新版《中小学生守则》,新守则将党的十八大以来中央对培育和践行社会主义核心价值观、深化立德树人、传承优秀传统文化做出的重大部署落细落小落实,引领和规范学生思想品德与言行举止。新守则坚持贴近时代、突出基本、易记易行原则,注重可操作性,表述生动、带有诗歌韵律,朗朗上口。新修订的守则将《中小学生守则》和两个规范合而为一,将原来的七十条规范压缩成九大守则,内容简洁但全面,突出基本。一方面保留了2004年守则中仍具时代价值、体现中华传统美德、应长期坚持的内容,如热爱祖国、热爱人民、热爱中国共产党、诚实守信、珍爱生命等。另一方面,新修订的守则补充了一些更具操作性、学生可以做到的具体行为规范内容,如主动分担家务、自觉礼让排队、不比吃喝穿戴等;增加了新时期学生成长发展中学校、社会和家庭高度关注的内容,如养成阅读习惯、文明绿色上网、低碳环保生活等,删除了"见义勇为、敢于斗争"等要求。新版守则舍弃了不少大而空洞、宏观抽象的内容,提出的要求更加具体,易于操作。

综上,中小学生守则和行为规范保持继承和发扬优秀传统民族精神,重视学生与自我、与他人、与集体、与社会多方面关系的行为规范的教育,在顺应社会发展的过程中不断修改,规定由宏观到具体,更加全面,更加切合实际,更加符合学生心理认知发展特点,对学生的要求从高尚道德逐渐走向底线道德,操作性逐渐提高。这对于我们确立区域的中小学生行为规范教育目标与内容体系提供了最基本的导向。

(二) 他国经验

近代以来,日本、韩国等国在养成教育方面卓有成效,以下简要介绍日韩两国行为规范教育目标与内容体系。

1. 日本行为规范教育的目标与内容体系

日本文部省实施的《小学学习指导要领》和《初中学习指导要领》中"道德科"、"生活科"、"家庭科"对行为规范教育的目标和内容进行了详细规定,内容呈阶梯式递进,前后衔接、连贯,分为四个方面的内容:有关自己、有关他人、有关自然、有关集体和社会,强调培养丰富的人性、社会性和生存能力,以及在国际社会中生存的日本人的自觉性。

日本中小学行为规范教育的目标

目 标	
道德科①	为了将尊重人类的精神和生命敬畏之念发挥于家庭、学校、其他社会的具体生活之中,具有丰富的情感,致力于创造个性丰富的文化和发展民主的社会及国家,进而为和平的国际社会做贡献,培养未来的有主体性的日本人,而奠定作为其基础的道德性。

---

① 周宏芬. 日本小学新道德教育课程标准研究[J]. 外国教育研究,2003(3): 13 - 15.

目　　标	
生活科①	让儿童通过具体的活动和体验，对自己与周围的社会和自然的关系产生兴趣，对自己和自己的生活进行回味思考，并在这些过程中掌握生活上必需的习惯和技能，为今后自主自立的生活打下基础。
家庭科②	通过有关衣、食、住的实践活动，让儿童掌握日常生活中必需的基本技能，加深对家庭生活的理解，培养他们作为家庭的一员为家庭尽义务的生活态度。

日本小学各阶段道德课程的结构和具体内容③

年级 基本观点	一至二年级	三至四年级	五至六年级
有关自己切身	1. 注意健康及安全，爱惜财物，整理好自己的东西，不任性，生活起居有规律。 2. 在学习和生活中，认真完成自己应该做的事情。 3. 明辨是非，择善而行，诚实坦率。	1. 自己的事自己做，生活有节制。 2. 思而后行，有错必改。 3. 认为是正确的事情，能够有勇气地去做。 4. 正直、开朗、活泼地生活。	1. 反省自己的生活，注意做事有节制，不过分。 2. 树立更高的目标，并且能够满怀勇气、坚定不移地为达到目标而努力。 3. 珍爱自由，行动有规律。 4. 诚实、开朗、快乐地生活。 5. 珍爱真理，日益求新，力争上游。 6. 了解自己的优缺点，发扬优点，改正缺点。
有关自己与他人	1. 真心问候，注意遣词用语和动作，明快地待人。 2. 爱护幼小，尊敬长辈。 3. 对朋友友善，互相帮助。 4. 懂得感谢日常生活中照顾和帮助自己的人们。	1. 懂得礼节的重要性，真诚地对待每个人。 2. 体谅和关心别人，待人亲切，有同情心。 3. 和朋友互相理解、相互信赖、相互帮助。 4. 对抚养自己的人和老人有尊敬和感激的心情。	1. 懂得在不同的场合和时间合适地待人接物，对人彬彬有礼、诚心诚意。 2. 懂得体谅和关心别人，能够设身处地为别人着想，与人为善。 3. 信赖朋友，相互合作，相互帮助，在相互学习中加深感情。 4. 谦虚谨慎，包容他人意见，尊重与自己的观点和立场不同的人。 5. 懂得感谢在日常生活中对自己有所帮助的人，并且不辜负大家的期望。

---

① 孙智昌，译．日本小学生活科、家庭科学习指导要领［EB/OL］．http://lj. eicbs. com/websites/home/Content. html? id＝14674.

② 同上．

③ 周宏芬．日本小学新道德教育课程标准研究［J］．外国教育研究，2003(3)：13－15.

基本观点 ＼ 年级	一至二年级	三至四年级	五至六年级
有关自己与自然	1. 亲近自然，爱护动植物。 2. 爱惜生命。 3. 接触美好的事物，心情愉快。	1. 感受自然界的奥妙，爱护自然及动植物。 2. 尊敬生命，爱惜生命。 3. 对美丽和高雅的事物具有感动之心。	1. 了解自然的伟大，关心自然环境。 2. 爱惜生命，尊重自己与他人的生命。 3. 对美好的事物具有感动之心，对超越人类力量的自然力量具有敬畏感。
有关自己与集团、社会	1. 爱护公物，遵守诺言。 2. 敬爱父母、祖父母，分担家务。 3. 敬爱老师，爱护同学。 4. 热爱家乡的文化和生活。	1. 有公德心，遵守社会规范和公共道德，知行合一。 2. 懂得劳动的重要性，主动参加劳动。 3. 敬爱父母、祖父母，和家人合作，为建设快乐的家庭而努力。 4. 敬爱师长，同学协力合作，为建立快乐的班集体而努力。 5. 热爱家乡，珍惜家乡的文化和传统。 6. 关心本国文化及传统，同时关心外国人士及外国文化。	1. 主动参加周围的团体活动，自觉发挥自己的作用，与别人同心合力，有责任感。 2. 有公德心，守法，尊重自己与他人的权利，主动地尽自己的义务。 3. 对任何人都一视同仁，没有偏见，力求公正、公平，为正义的实现而努力。 4. 尊重劳动，愿意为社会服务，为公共的利益做事。 5. 敬爱父母、祖父母，为家庭的幸福主动地发挥自己的作用。 6. 敬爱师长，努力与大家合作，为建立良好的校风而努力。 7. 热爱家乡和本国文化及传统，了解前人的成就，爱国爱家乡。 8. 尊重外国人与异国文化，自觉为日本人，与世界人民友善相处。

2. 韩国行为规范教育的目标与内容体系

韩国德育分年段设置不同的目标，并建立相应的课程。强调"坐而言不如起而行"，小学阶段重视培养学生良好的道德习惯，中学阶段则主要内化道德规范。各阶段目标如下[①]：

---

① 何付霞. 韩国学校道德教育研究[D]. 南昌：南昌大学，2009.

韩国中小学行为规范教育目标

学段	年段	目标
小学	一、二年级	理解日常生活必须具有的传统道德规范，并付诸实践来发展道德习惯。 (1) 使学生理解日常生活必要的基本礼节和道德规范的意义与重要性； (2) 提高解决道德问题所必需的思考力和价值判断能力； (3) 用正确合理的生活态度进行自律道德生活。
	三、四年级	通过道德规范来理解遵守社会公德的理由，并付诸生活实践来发展自主的道德习惯。
	五、六年级	领会各种道德规范的相互关系，并增强解决道德规范间冲突所需要的能力。
初中		(1) 要懂得道德在人生中的重要性，培养道德判断力、价值选择能力，在人格陶冶上下力气； (2) 理解在家庭、邻里、学校生活中要求的道德、规范和礼节，并比较这些生活中发现的问题，从而具备正确的生活态度和实践意志； (3) 认识传统道德和市民伦理的特性，培养能够正确合理地解决现代社会发生的道德问题的能力，作为民主市民而堂堂正正地生活； (4) 热爱国家、民族、文化，正确认识国土和民族分裂的原因及南北统一的任务，要具备获得统一所必要的共同体意识和实现国家统一的意志。
高中		(1) 自觉认识青少年时期的位置，正确地确立人生的方向，为自我实现和人格完善而努力； (2) 理解现代社会生活伦理，培养合理解决伦理问题的意志和能力，具备健康的社会生活态度； (3) 确立韩国传统和民主思想的正确观念，具有能够为民主福利社会做贡献的国民意识； (4) 在东西洋和韩国伦理思想的脉络中探索现代伦理的渊源； (5) 理解为实现祖国统一的条件和统一后的正确的韩国人形象，培养和实现为人类共荣做贡献的坚强意志。

　　韩国小学一、二年级德育开设"正确生活"课程，主要学习有关礼节和道德知识。从小学三年级起开设"道德科"，内容为四个领域，即个人生活，家庭、邻里、学校生活，国民生活，民族生活。内容由浅入深，每个年级有所不同，以适合各年龄特点。中学设置了"道德教室"，重视礼节教育，内容包括个人生活礼节、家庭生活礼节、学校生活礼节、社会生活礼节和国家生活礼节。除课堂讲授有关知识和认识训练外，注重把实践具体德行列入课程。每逢奏国歌升国旗时，不论是谁，不论在何处均必须肃立。教师要带领实习各种仪式礼节，大到参与隆重仪式，小到穿衣、吃饭、走路、接客等，甚至规定小学教师都在学校用午餐，以便教师随时指导学生吃饭时应当遵守的礼节。高中阶段设置了"伦理科"，内容为五个领域：个人伦理、社会

伦理、国家伦理、伦理思想、统一课题，主要关注个人自我实现、民族意识与国家发展等观念的教育。

日韩两国的行为规范教育目标与内容体系对我们的行为规范教育目标与内容体系建设最重要的借鉴意义为：一是要注重统整性和层次性。日本新道德教育课程在结构形态上，依据一个民主、和平的社会以及国家中个体应具备的责任感、自律行为的道德性，分别从自己的领域、他人的领域、自然领域和社会领域安排道德教育的内容。二是关注文化传统与价值导向。韩国注重对学生的民族意识教育，激发爱国爱家、富国兴国的情感，强调公民的行为规范和传统礼节，灌输自我牺牲、忠诚、为民族自主而奋斗的精神。

（三）现实需要

除了沿袭传统、借鉴他国经验之外，我们的行为规范教育目标与内容体系的制定，更重要的是要关注社会经济发展、地域特征、时代特征、生源特点等交织在一起形成的复杂的教育背景，这是我们不能回避的重要现实因素。

近年来，我们的社会经济发展水平不断提升，人们的生活水平也随之不断提升。而我们所生活的上海，是中国经济最发达、现代化程度最高的城市之一，是一座国际化的大都市。但在民众的基本公民素养方面，可能我们的发展水平并没有与社会、经济发展水平相匹配。例如，我们经常会接收到这样的信息，中国出境游人数不断增多，但与之相对应的是时时听闻的新闻媒体对部分中国游客在国外不够尊重当地风土人情、在公共场所有不文明举动的报道。日常生活中，我们经常可以看到身边有许多不文明行为——随处抛丢垃圾、废弃物，随地吐痰、擤鼻涕、吐口香糖；无视禁烟标志想吸就吸，污染公共空间，危害他人健康；"中国式过马路"；乘坐公共交通工具时争抢拥挤，购物、参观时插队加塞，排队等候时跨越黄线……大众的公序良俗教育有待加强。

另外，作为一座海纳百川的城市，上海吸引了众多的外地人员，他们是促成上海发展和繁荣的重要推动力，同时他们也为上海教育带来了更为多元和复杂的生源特征和教育背景。尤其很多来自社会经济及教育较不发达地区、父母文化水平又较低的学生，他们进入上海的中小学后，由于学习基础、家庭状况、文化背景等方面的差异，在学习状况、交往状况、个性发展、家庭教育和总体表现等方面，都有着不同的教育需求，更对学校、班级和教师的行为规范教育提出了新的要求。

此外，网络的发达和普及是信息时代的一个重要标志，人们的生活变得离不开网络。在经济发达、生活水平较高的上海，电脑、手机等网络终端对于学生来说触手可及，成为了他们生活中绕不开的一个领域。学生的交往方式已经深深打上了网络信息时代的烙印。工业和信息化部电信管理局公布的数据显示，截至 2016 年末，中国网民规模达 7.31 亿，10—19 岁群体人数持续增长，约占 45.8％。然而，网络上不负责任的行为到处可见，传播不健康信息、滥用"人肉搜索"与"网络追杀"、刊载格调低下的图片、提供不文明声讯和视频服务等现象随处可见，更有少数人肆无忌惮地利用网络，蛊惑人心，混淆视听，扰乱社会正常秩序。缺乏足够的辨别力与抵御力的青少年学生很容易沉溺其中，对自身的积极、正面、健康成长造成阻碍。目前，社会各方面虽出台了一些相关的法规和制度，但还远远不够，许多教师和家长网络知识相对匮乏，无法对未成年学生进行有效的指导。因此，加强学生网络世界行为规范教育，显得尤为迫切。

综上，我国传统、他国经验以及现实需要，共同构成了中小学行为规范教育目标与内容体系的依据。需要注意的是，由于时间、空间等原因，决定了我们在制定目标和内容体系时，需要审慎思考，不能随意丢弃优良传统，但更不能盲目复古，要借鉴和吸纳外国有益经验，但更需要做基于现实需要的本土化改良。

▶ 二、总体目标

基础教育阶段开展行为规范教育之目的，一方面在于培养学生具备最为基本的底线意识、规则观念，使他们能遵守社会秩序、公共道德，拥有作为一名社会合格公民的基本素养;另一方面在于引导学生树立更加美好的道德追求,成长为自觉向善行善、具有责任和法治精神、能主动服务社会的公民。

基于上述理解,对于区域中小学生行为规范教育目标的建立,我们一方面关注道德原则的规范和指导作用,对学生提出一些人们普遍认可的、经过长时间验证的养成目标。这些目标是对各方面行为规范内容细则的核心理念的提炼和反映,如在学习习惯方面是探索和创新;生活习惯方面是健康和规律;做事习惯方面是规则和效率。另一方面关注道德理想的导向作用,以社会主义核心价值观引领学生价值取向,以中华优秀传统文化提升学生道德底蕴和文化认同,为学生健康成长提供正确积极、较为稳定不会轻易改变、具有引领性质的教育建议或导向。具体请见下表。

区域中小学生行为规范教育目标体系

学段	生活习惯	学习习惯	交往礼仪	集体规范	社会公共规范
小学	形成良好自我意识,懂得珍惜时间,初步形成生活自理能力,具有安全意识。	形成良好的使用学习用品与读写姿势习惯。形成良好上课习惯、作业习惯与考试规范。	形成尊重、关怀品质,学会关心家人、团结同学、尊敬师长、敬老爱幼。	形成集体观念,关心家庭,热爱班集体、少先队,做好分内事,遵守集体规范。	形成热爱祖国、热爱家乡的情感,认同民族节日,遵守社会秩序,爱护公共财物。
初中	形成积极的自我认同,乐观自信,学会调控情绪,养成规律、健康的生活方式,学会自我保护。	在保持已形成的良好学习习惯基础上,学会科学合理地安排好自己的时间表,养成预习与复习习惯,计划好零散时间的利用。	形成沟通、理解、互助品质,学会换位思考、寻求帮助并能帮助他人。	具有集体荣誉感,积极参与集体建设,主动承担任务、维护集体声誉。	具有民族自豪感,认同民族文化、了解民族历史,关心社会生活,树立环保意识,具备法制观念。
高中	形成积极的价值观,自律自强,养成健康生活情趣,学会保护自己合法权益。	在保持已形成的良好学习习惯的基础上,学会总结学习方法,关注事物的逻辑关系、学科思维特点、推理能力,养成结构思维的习惯,有探索和创新精神。	以平等、接纳、包容、公正之精神善待他人、帮助他人。	具有集体主义意识,学会制定集体规范,形成契约精神,具有团结协作能力。	自觉维护国家利益,传承优秀民族文化,树立科学资源观念,理解公民权利与义务。

在区域中小学生行为规范教育目标体系的引领和导向之下,教育者可以根据实际制定更为详尽、更多体现道德规则和原则的行为规范教育内容体系。

三、具体内容

我们建构的行为规范教育内容体系导向是"依据实情、螺旋上升——合理把握行为规范教育的内涵与外延"。在这种导向之下,在行为规范教育内容的制定中,需要体现循序递进的分层意识,体现从被动到主动建构的思想。因此,我们认为小学的重点内容在良好行为习惯之养成的道德规则教育上,道德要求直接针对学生的行为;随着学生逐渐形成良好行为习惯,具备一定的理解力,中学的行为规范目标与内容应逐渐移向道德原则教育,引导学生理解和体验道德规则背后的道德原则。比如,在生活习惯方面,小学阶段需要思考哪些是具体的能代表"健康和规律"生活方式的行为细节,并更多地将它们作为教育内容;而到了中学阶段,再过分强调行为细节已不合时宜,学生开始能够理解、判断、选择和做出"健康和规律"理念下的行为细节,这时行为规范教育内容需要体现一些道德理想和原则。

值得注意的是,区域行为规范教育的内容分层体系的制定是一个"依据实情"不断动态优化的过程,其中包含的是当下区域视野下的中小学生行为规范养成中的核心要素,是学校制定行为规范教育目标与内容分层体系的重要参考依据。同时,"依据实情"不断优化还体现在我们关注新内容、回应新要求,结合区域层面中小学生日常生活特点和教育部《中小学生守则(2015年修订)》,以"绿色上网"为重点突破口,制定"绿色上网"目标与内容指标体系,并以专题系列研讨、主题教育公开研讨课等形式予以重点探索,以提升行为规范教育时代感、适应性,具体请见附表。

区域中小学生行为规范教育内容分层体系

年级	指标	行为规范教育侧重点
一、二年级	生活习惯	知道定期护理个人卫生,勤剪指甲,勤洗澡、洗头,每天清洁面容、刷牙漱口,饭前便后洗手。 服装整洁干净,无污损,能按学校规定穿着校服。 自己的书包、学习用品、玩具等物品自己整理,不乱放。 东西用好放回原处,使用他人东西要获得同意。 按时作息。 随手关灯关水。 安静用餐。 认识爆炸物等常见的危险标志,能识别可疑的坏人,知道120、110、119等求救报警电话。
	学习习惯	听到上课铃声响进教室。 上课坐端正,不做小动作,不讲废话。 说话与回答要举手,声音响亮。 按时完成作业。 书写字迹端正,书面整洁。 每天抽出一定时间阅读课外书。
	交往礼仪	出门和回家能主动向父母长辈打招呼,能向老师同学问好,微笑面对人。 会使用"请"、"您"、"谢谢"、"对不起"、"没关系"等礼貌用语。 听老师、同学讲话时,要认真,不随便打断。 与同学相处过程中,不争吵、打架。 别人指出自己错误,要虚心接受。
	集体规范	按时到校,因病、因事不能上学要请假。 课间文明休息,轻步缓行,不奔跑打闹,上下楼梯靠右走。 爱惜班级财物。 积极参加学校各项活动,活动中尊重指导老师,遵守有关规则。 遵守班级规范,有自己的班级小岗位,学做值日生。 不在学校吃零食。
	社会公共规范	认识国旗、国徽,升旗时肃立,会唱国歌、会行礼。 不乱穿马路、闯红灯。 图书馆、博物馆等公共场所不大声喧哗。 排队时有秩序,不拥挤、不插队。 爱护公共财物。 爱护花草树木。 维护公共环境卫生,不随地吐痰,不窗外(高空)抛物,垃圾扔入垃圾箱。
三—五年级	生活习惯	积极参加体育锻炼,做到每天锻炼一小时。 按时作息,有时间观念。 每天做到穿戴整洁,注意个人卫生。 有劳动岗位意识,做好值日生工作。 爱惜粮食,文明用餐,不挑食。 爱惜学习用品,不浪费、不攀比。 自己整理自己的物品,做到规范、整齐。学做家务劳动。

年级	指标	行为规范教育侧重点
		随手关灯关水。 用好东西放回原处,使用他人东西要获得同意。 认识危险标志,警惕可疑的坏人,知道求救、报警电话。
	学习习惯	姿势正确,书写整洁工整。 上课专心听讲,会记笔记,积极思考;举手发言,声音响亮,口齿清楚。 学会合作学习,与同学共同解决问题。 积极参加课题讨论。 养成良好的预习和复习的习惯。 认真、按时完成老师布置的作业,及时订正。 书写规范,字迹端正,书面整洁。 每天坚持课外阅读。
	交往礼仪	微笑待人,主动与人打招呼问好。 语言文明,会使用"请"、"您"、"谢谢"、"对不起"、"没关系"等礼貌用语。 听老师、同学讲话时,要认真,不随便打断。 能正确使用各种称谓(称呼),不给同学起绰号。 与同学友好相处,不争吵、打架。 尊重他人意见。 帮助身边有困难的人。 借东西及时还。
	集体规范	上学不迟到不早退,有事、有病要请假。 自觉遵守小学生日常行为规范。 课间文明休息,轻步缓行,不追逐打闹,上下楼梯靠右行。 能胜任班级各种小岗位,参与班级管理,自觉维护校园与班级秩序。 爱护公共财物,不乱涂乱画,离开教室关灯、关门。 积极参加学校各项活动,活动中尊重指导老师,遵守有关规则。 不在学校吃零食。
	社会公共规范	升国旗、奏国歌时肃立、行队礼,会唱国歌,会画国旗。 知晓传统节日。爱护人民币。 能规范佩戴领巾和各类标志,理解标志含义。 爱护公共财物。维护公共环境卫生,不随地吐痰,不窗外(高空)抛物,主动做到垃圾扔入垃圾箱。 遵守交通规则,不乱穿马路、不闯红灯。 图书馆、博物馆等公共场所不大声喧哗。 排队时有秩序,不拥挤、不插队。 遵守"七不规范",乘车、船、地铁自觉购票。 爱惜花草树木。 观看演出和比赛时做文明观众,结束时鼓掌致意。
六、七年级	生活习惯	早睡早起,铺叠床被。 积极参加体育锻炼,做到每天锻炼一小时,培养一项体育爱好。 合理安排作息。 每天做到穿戴整洁,注意个人卫生。 珍惜粮食,自觉执行"光盘行动",用餐时"吃多少,拿多少"。 爱惜物品,不追名牌、不浪费、不攀比。

31

年级	指标	行为规范教育侧重点
		自觉整理自己的物品，做到规范、整齐。主动分担家务。 上网合理安排。（注：关于"绿色上网"，有更详细的目标与内容体系，请见附件） 远离安全隐患，学会自救自护。
	学习习惯	上课积极思考，认真记笔记，勇于提问。 初步养成预习、复习习惯。 遇到难题，学习自己独立思考和解决。 作业不抄袭、订正及时。 考试不作弊。 乐于阅读，分享阅读感受。
	交往礼仪	主动有礼貌地问候他人。 微笑面对人，与人交谈不卑不亢。 语言文明，会使用"请"、"您"、"谢谢"、"对不起"、"没关系"等礼貌用语。 听老师、同学讲话时，要认真，不随便打断。 能正确使用各种称谓（称呼），不给同学起绰号。 团结同学，不争吵、打架。 知晓各种场合基本礼仪。 知道握手礼、鞠躬礼等礼节适合使用的场合和环境。 说到就能做到。 尊重他人意见，虚心接受他人中肯的意见和建议。 帮助身边有困难的人。 乐于分享体验和感悟。
	集体规范	不迟到不早退，有病、有事提前请假。 不在学校吃零食。 两操动作到位，课间文明休息，维护班级形象。 积极参加学校各项活动，活动中尊重指导老师，遵守有关规则。 自觉遵守班级规范，主动参与班级管理，自觉维护校园与班级环境与秩序。 知道集体生活原则，提出意见讲规则。
	社会公共规范	尊敬国旗、国徽，升旗肃立敬礼，大声唱国歌。 知晓传统美德，学习中国历史，知晓当前国家领导人。 规范佩戴领巾和各类标志，理解标志含义。 爱护公共财物，维护公共环境卫生。 遵守交通规则，不乱穿马路、不闯红灯。 公共场合做到言行文明，不大声喧哗，不拥挤、不插队。 爱惜花草树木。 观看演出和比赛时做文明观众，结束时鼓掌致意。 遵守"七不规范"，乘车、船、地铁自觉购票，能主动为有需要的人士让座。

年级	指标	行为规范教育侧重点
八、九年级	生活习惯	早睡早起、作息规律,具有较强的时间观念、铃声意识,学会安排时间。 积极参加体育锻炼,做到每天锻炼一小时,培养一项体育爱好。 会主动调试心情和生活状态。 每天做到穿戴整洁,注意个人卫生。 珍惜粮食,自觉执行"光盘行动",用餐时"吃多少,拿多少"。 爱惜物品,不追名牌,不浪费、不攀比。 自己的事情自己做,主动分担家务劳动。 不佩戴饰物;男生不留长发;女生不化妆、不披头散发。 不碰烟酒,远离毒品。 主动绿色出行。 上网合理安排,做到文明上网。 远离安全隐患,学会自救自护。
	学习习惯	作业不抄袭、订正及时,考试不作弊。 学习制订个人学习目标、学习规划。 养成良好的预习、复习习惯。 上课认真专注,提高效率。 学习后、考试后,要及时总结反思,吸取经验教训。 多问为什么,培养一定的质疑精神。 乐于阅读,推荐优秀读物。 有自己的兴趣特长。
	交往礼仪	语言文明,在现实生活和网络交流中均不用脏话秽语。 听老师、同学讲话时,要认真,不随便打断。 能正确使用各种称谓(称呼),不给同学起绰号。 能根据不同场合和环境,恰当地运用言行。 知道握手礼、鞠躬礼等礼节适合使用的场合和环境。 主动参与合作,合作中能发表自己的意见,也尊重他人意见。 言行一致,守时守信。 乐于分享体验和收获。 有尊重隐私的意识。
	集体规范	参加集体事务不迟到不早退,有事提前请假。 两操动作到位,维护班级形象。 知道集体生活原则,提出意见讲规则。 自觉遵守班级规范,主动参与班级管理,自觉维护校园与班级秩序。 课间文明休息。 积极承担集体活动任务,对集体活动作出自己的贡献。 外出活动服从管理,遵守安全制度。
	社会公共规范	尊敬国旗、国徽,升旗肃立敬礼,大声唱国歌。 了解中国历史和文化,关心国家大事。 遵守交通规则,不乱穿马路、不闯红灯。 公共场合做到言行文明,不大声喧哗,不拥挤、不插队。 上网过程中做到自律,主动维护网络文明。 关心时事要闻,关注社会热点。 积极参加学校、社区组织的志愿者服务。 爱护环境,树立科学的环保理念,规范自身的环保行为。 遵守网络规范。

年级	指标	行为规范教育侧重点
高一—高三	生活习惯	早睡早起、作息规律,具有较强的时间观念、铃声意识,学会安排时间。 保证每天锻炼一小时,用热爱的体育项目培养意志品质。 穿戴、发型等符合学生身份,注意个人卫生。 爱惜物品,不追名牌,不浪费、不攀比。 自己的各种物品要做到整理有序。 节约资源,主动绿色出行。 不碰烟酒,远离毒品。
	学习习惯	学习主动、自觉,有自己的方法策略。 作业不抄袭、订正及时,考试不作弊。 学习制订个人学习目标、学习规划。 养成良好的预习、复习习惯。 上课认真专注,提高效率。 学习后、考试后,要及时总结反思,吸取经验教训。 多问为什么,培养一定的质疑和探究精神。
	交往礼仪	能根据不同场合和环境,恰当地运用言行,待人接物有礼有节。 语言文明,在现实生活和网络交流中均不用脏话秽语。 听他人讲话时,要认真,不随便打断。 能正确使用各种称谓(称呼),不给同学起绰号。 知道握手礼、鞠躬礼等礼节适合使用的场合和环境。 主动参与合作,合作中能发表自己的意见,也尊重他人意见。 乐于分享体验和收获。 尊重他人意见,虚心吸纳中肯的意见和建议。 尊重、保护他人隐私。
	集体规范	参加集体事务不迟到不早退,有事提前请假。 自觉遵守班级规范,遵循集体民主生活方式。 主动参与班级管理,自觉维护校园与班级秩序。 遵守集体生活原则,提出意见讲规则。 积极承担集体活动任务,对集体活动作出自己的贡献。
	社会公共规范	尊敬国旗、国徽,升旗肃立敬礼,大声唱国歌。 了解中国历史和文化,熟悉基本国情,关注祖国发展和国家大事。 遵守交通规则,不乱穿马路、不闯红灯。 公共场合做到言行文明,不大声喧哗,不拥挤、不插队。 上网过程中做到自律,主动维护网络文明。 关心时事要闻,关注社会热点。 积极参加学校、社区组织的志愿者服务,关注社会弱势群体,为需要帮助的人伸出援手。 关注地球生态环境,树立科学的环保理念,有保护地球家园的高尚情操和对环境负责的精神,规范自身的环保行为,积极宣传环保理念。

区域中小学生"绿色上网"目标与内容体系

	教育目标	主要内容
自我防护	认识影响网络安全的因素及其危害性,了解安全上网的注意事项,提高自我保护的意识和行为能力。	1. 保护好密码,定期更换。(小学、初中、高中)
		2. 保护好自己的资料(包括照片、文件等),上传之前要三思。(小学、初中、高中)
		3. 添加好友前要确认对方身份,不轻易添加陌生人为好友。(小学、初中、高中)
		4. 外出时不低头玩手机等网络设备,防止发生安全意外。(小学、初中、高中)
		5. 与网友见面须征得家长同意,由家长陪同。(小学) 不轻易与网友见面。如要打破此戒律,一定要事先将与之相关的所有信息告诉一个值得信赖的人或邀人陪同前往。(初中、高中)
自我约束	在网络生活中,也同样遵守真实生活所依照的标准,学习和践行"慎独"精神。	1. 使用家长或其他专业人士认可安全的网络设备上网。(小学) 使用安装了杀毒软件、防火墙等工具的网络设备上网。(初中) 自觉运用杀毒软件、防火墙等技术手段过滤不良信息。(高中)
		2. 尽量使用家长、教师推荐的网站,不链接含有有害信息的网站。(小学)
		3. 不利用网络抄袭他人作业。(小学) 不利用网络抄袭、剽窃他人作业、作品等。(初中) 未经授权的情况下,不随意下载软件、文件等资源,不抄袭、剽窃他人知识产权。(高中)
		4. 不轻信、不传播、不发布没有正式消息来源的网络言论和可能侵犯他人合法权益的帖子。(初中) 对于各种网络信息,有鉴别意识,不轻信、不传播、不发布没有正式消息来源的网络言论和可能侵犯他人合法权益的帖子。(高中)
		5. 不打开他人的文件偷看,不使用他人的账号登录。当发现他人账号在线时,要主动退出他人账号,严禁利用他人账号进行任何操作。(小学)
		6. 不强制他人转发自己的消息或作品,不转发"胁迫"及"道德绑架"信息,比如:不转就不是朋友,转了将如何如何……(初中、高中)
		7. 慎重对待"网络拉票",认识到自己的友情投票有可能造成结果的不公。(初中、高中)
		8. 在平时不能说的话,在网上也不要说,绝不在网上谩骂他人。(小学) 在网下不能说的话,在网上也不要说。绝不参与微博辱骂、占领贴吧等网络暴力,严禁在网上使用语言暴力。(初中) 网上发表意见时应理性、公正、客观、谨慎,在网下不能说的话,在网上也不要说。绝不参与微博辱骂、占领贴吧等网络暴力,不做网络暴民。(高中)

教育目标		主要内容
		9. 严格控制上网时长，记住学校、家庭、朋友永远位于网络之先。（小学） 控制上网时长，有原则地使用网络，如需独立完成的作业绝不借助网络，在利用网络学习时能做到不打开其他窗口等。（初中、高中）
		10. 网游、网聊、网购等有节制，记住学校、家庭、朋友永远位于网络之先。（初中） 绝不沉迷于网游、网聊、网购等，记住学校、家庭、朋友永远位于网络之先。（高中）
监督他人	能识别不当的网络行为，并敢于以适当的方式进行监督、提醒或举报，维护网络文明。	1. 留意别人在网上对自己的评论，如果感觉自己在网上被别人伤害了，要向家长或老师寻求解决办法。（小学） 留意别人在网上对自己的评论，如果感觉自身合法权益被侵犯，可以联系网站或举报。（初中、高中）
		2. 对于邮箱接收到的骚扰邮件、QQ等聊天软件接收到的骚扰信息、微信朋友圈接收到的虚假信息等，要将对方账号加入黑名单或点击"举报"、"投诉"。（小学、初中、高中）
		3. 对于在网站、论坛发布反社会、超越法律或道德界限言论的账号，抑或是对他人造成了伤害，也可以点击"投诉"或"举报"。发现网络暴力时要向网站、公安部门举报。（初中、高中）
		4. 提醒长辈不轻信、不转发微信朋友圈发布的养生、领红包等信息。（小学、初中、高中）

文件精神：

《中华人民共和国国民经济和社会发展第十三个五年规划纲要》指出要推进文明办网、文明上网，引导广大青年争当"中国好网民"，倡导网络公益活动，净化网络环境。《中小学生守则（2015 年修订）》中也有"绿色上网"的要求。

指标解读

制定思路：绿色上网首先应引导学生要自我防护，其次是网络自律，更高要求是监督提醒他人。

主要参考依据：美国计算机伦理协会的"计算机伦理十戒"、中国互联网协会的《文明上网自律公约》、教育部和文化部的"全国青少年网络文明公约"等互联网公约、共青团中央阳光跟帖九条原则等。

第三章　行为规范教育的方法

影响行为规范教育效果的关键因素之一是教育方法的选择和运用。教育方法是指如何运用语言、榜样、情境、环境、体验等手段对学生进行道德教育，一种手段往往有多种用法，一种方法也可能运用多种手段[①]。行为规范教育方法受教育内容、任务所制约，是以教育规律、教育原则为依据的。因此，学校在开展行为规范教育时，应领会、学习和遵循行为规范教育思想方法、形成机制，以不同年段学生身心发展规律为出发点，关注年段年级差异，选择行之有效的方法，方能取得较好的教育效果。

一般来说，方法选择上强调综合运用、有所侧重，视情况选择榜样示范、行为训练、认知学习、自主管理、道德辨析、评价导向等方式方法；在方法使用中，小学阶段应凸显直观性、生动性、趣味性、训练性，中学阶段应注重引导学生在行为表现基础上对行为规范本身价值和意义深层次理解、认同和践行。

本章将结合案例，对榜样示范、行为训练、认知学习、自主管理、道德辨析、评价导向等几种常用的行为规范教育方法做进一步探讨。

▶ 一、榜样示范

（一）重视教师垂范

大德无形，大教无痕。教师的影响作用，在学生的行为规范内化方面尤为显著。孔子曰："其身正，不令而行；其身不正，虽令不从。"汉代的班固也说："教者何谓也？教者，效也，上为之，下效之。"

师生关系是学校中教师与学生之间的基本关系，是师生之间以情感、认知和行为交往为主要表现形式的心理关系。由于社会角色的规定，师生关系更多体现为教育者和被教育者之间的一种关系，且带有明显的教育性质。小学阶段，学生从亲

---

① 黄向阳. 德育原理[M]. 上海：华东师范大学出版社，2000：156.

子关系中学到的对权威的理解和对规则的服从,也迁移到了师生关系中,甚至对于教师的权威感更加强烈。特别是刚入学的小学生,随着儿童与父母交往的减少和与教师交往的增多,师生关系的重要影响尤为突出。在教育教学过程中,教师的以身示范,充分发挥着对于小学生的榜样影响力。

案例: 师爱润心田,师行助成长

一、认识:教师示范对基础教育阶段学生行为规范养成的重要性

华东师大终身教授"生命·实践"教育学派创始人叶澜教授提出,基础教育是为孩子打好"三底"的重要阶段。第一,为人生打好"底色",养成向上、阳光、明亮、温暖的心向和态度,这是给孩子一辈子的财富。第二,形成"底蕴",底蕴包括对外部世界、生存能力、习惯和行为方式的培养,也包括对自我的意识和实现自我发展的能力。第三,认清"底线",有底线意识,人长大了才能成为好公民。我们认为,基础教育阶段加强行为规范教育是对学生"三底"的重要支撑。

夸美纽斯曾说过:除了笃信宗教者,任何人都不能使别人笃信宗教。我们也可以这样理解,除了精神高尚者,任何人都不能使人精神高尚。教师的言传身教对学生的成长发展起着决定性作用。同样,教师师德和行为规范对学生的行为规范的形成起着极为重要的作用。因此,我们可以这样说,"教师示范是成本最小也是价值最高的行为规范教育"。

二、实践:我们是如何开展教师师德建设和教师行为规范养成的

(一)改造学校教育空间,让教师过上有品质的学校生活

在教育局和华漕镇政府支持下,这两年暑假我们进行环境改造。基于如何让每一项改造体现教育价值,而不简单只是好看的思考,我们对学校教育空间进行了教育化设计和人性化改建,努力营造一个让教师舒心、安心、开心的学习生活环境。两年来,我们在三方面对学校空间建设进行了整体思考和改建:一是公共空间的教育化利用,如让墙壁"会说话"、绿化"有生命"、走廊"便交流"等;

二是学习空间的功能性整合,如体育馆、风雨篮球场、图书馆、实验楼等;三是生活空间的精致化改建,如厕所改造、屋顶花园、办公空间、年级组学生空间等,力求让师生过上有品质的学校生活。

(二) 搭建各种活动平台,激发师生内在发展动力

我们为教师搭建了每月"华漕之星"、每学期"师德标兵"、每年"华漕人物"评比等多个平台,组建了"教学领导工作坊"、"教学研究先导小组"等不同类型和层次的学习共同体,并先后邀请叶澜教授、左焕琪教授、陈默教授等来校和老师们研讨,以提升教师眼界和智慧。

2015 年学校申请了区级重点课题"'学·研·趣'型教师发展激励机制研究",引领教师全方位发展。我们认为华漕教师的师德规范应当建立在热爱生活,有各种兴趣爱好;热爱工作,不断学习提升自己的基础上。"爱生活、有雅趣;会研究、有智趣",师生关系、家校关系融洽,内心丰盈、悦纳自我、更悦纳他人,这是我们倡导的华漕好教师标准。

好邻居王海滨为救人被烧伤,老师们带头、同学们也积极踊跃捐款,五个学期共捐献86 000多元。他们用自己的切实行动表达了对社会责任的担当和爱心。每年我们都会有孩子、老师、家长来到王海滨身边看望他。可贵的是,我们的孩子不仅学习了王海滨哥哥爱心助人的精神,还学会了自我保护的技能。2015 年 11月,四年级 3 班的王俊豪同学所在的爱博五村楼道失火,他为争取时间只穿了一条内裤就快速逃出家门,并按老师教的方法用湿毛巾捂住口鼻,弯着腰靠着墙壁一层层走下楼梯。危急之中,他不光保护自己,还敲了每位邻居的门,并用手肘感知门的温度,如果门不烫,就说明还是安全的。当整个楼道的人都逃下来时,才发现是我们的王俊豪同学救了大家,邻居们都称赞他真是智慧又懂事的好孩子!

(三) 鼓励教师走向"诗和远方",成为丰富立体的"完整人"

我们在营造良好教育生态的同时,对教师进行价值引导,让教师成为丰富立体的"完整人"。校长自己率先确立起这样的追求。我向老师推荐过文章

《要让教师学会"玩"》,我自己在假期一路奔波,实现五省大穿越,登过西藏5 000多米的山峰。我还鼓励老师利用假期走向"诗和远方",告诉老师"身体和灵魂总要结伴在路上",在"大自然面前人会有很多彻悟"。

与"仰望天空"的一面紧紧相连的是华漕教师敬业示范的一面:升旗仪式一本正经,教育教学一丝不苟,学习研究一以贯之。我们的教职员工会"吾日三省吾身",一进学校校门,就敬畏自己作为"教师"的特殊身份,并秉持身教重于言教的理念,要求孩子做到的,老师自己一定先要做到。当然,我们的老师还有丰富立体的另一面:养花种草,办公室绿意盎然;泡茶插花,太极瑜伽,深得中国传统文化真谛;游山玩水,与大自然进行深度对话。我们的老师也很"臭美",学校一有点什么事,就迫不及待地晒"微信",进行"幸福生活大发布"。华漕教师追求"暮春者,春服既成,三五成群,风乎舞雩,咏而归"的生活,并希冀能早日到达"从心所欲而不逾矩"的人生境界。

三、再思考:如何增强师德建设与行为规范教育的有机融合

思考一:师德建设需要底线要求,更需高位引领

我们认为,随着学校发展的层次提高、教师发展的不断推进,对师德和教师行为规范的要求应当逐步提升,由底线要求走向高位引领。

我们越来越感觉到华漕教师的敬业、身教和快乐、智慧深深地影响和感染着学生,水到渠成,瓜熟蒂落,中考连续两年取得好成绩。九年级在紧张学习的同时,行为规范教育一点都没放松,教师带着学生一起做规矩,教室干干净净,学习用品整整齐齐,一开学九年级就带头参加学校值周活动。学生阳光积极,老师也心情舒畅,学得轻松,教得愉悦,师生关系融洽。

思考二:行为规范教育需要讲究方法,激发学生的主动性

行为规范教育不是刻板划一,更不是冰冷强迫。行为规范教育既需要严,也需要爱,更需要智慧。行为规范教育应是灵动的、丰富的、有温度的,也是美好的,它通过人和人的生命交往和对话才能真正实现。我们华漕孩子在师爱的

滋润下,在师慧的引领下,在师范的感悟下,既规范又活泼,既能爱,也会爱。

思考三:让教师和学生成为"共生体",走向生命的自觉

教育的成功体验促使我们思考教师示范的价值和意义,教师师德建设和学生行为规范教育是紧密联系在一起的,教师和学生是一个"共生体",老师快乐,孩子也快乐;老师爱孩子,尊重孩子,孩子也会相互尊重,尊重老师,尊重家长。这样的教育有机链一旦形成,学校教育生态就会变得越来越好。

"教天地人事,育生命自觉。"百余年前,华漕乡贤先后创办过"赞育堂"、"心逸堂"。"赞天地之化育"出自《中庸》,教育要顺应天地自然的规律,尊重人的天性。而"养心灵之卓逸"直指教育的终结目标是养成每个人内心的卓越和美好。为了滋心润德的教育新生活,我们华漕人永远在路上!

附:华漕学校教师师德修炼细则

根据《论语·学而》的"吾日三省吾身",华漕学校鼓励教师加强自身师德修炼,"每日三省吾身",故提出《华漕学校教师师德修炼细则》。

一、清晨进校门

1. 学生向您致意,您回应了吗?

2. 骑车开车进校门时,您记得推行或慢行了吗?

3. 您记得工作日的服饰规定吗?

二、校园行走

1. 见到地上有纸屑,您弯腰去拾起了吗?

2. 有客人向您询问,您耐心回答了吗?

3. 见学生奔跑,您善意提醒了吗?

三、升旗仪式

1. 您每次都准时到指定地点参加升旗仪式了吗?

2. 升国旗唱国歌时,您立正了吗?大声唱国歌了吗?

3. 国旗下讲话时,您认真聆听并报以掌声了吗?

四、走进课堂

1. 您每次都调整好自己的情绪,精神饱满,微笑着进教室吗?

2. 预备铃响,您已到达教室、做好准备了吗?

3. 您做好两分钟预备铃和两操秩序管理了吗?

五、课堂教学

1. 您培养孩子良好的听课习惯了吗?

2. 课堂上,因学生个别问题而生气或高谈阔论时,您依然记得要完成的教学任务吗?

3. 对学生的错误,您做到保持冷静并始终尊重学生,积极帮助学生改正错误了吗?

六、下课铃响

1. 您都能准时下课,做到不影响下节课吗?

2. 学生发生问题,您积极协助班主任解决问题了吗?

3. 学生不懂,您耐心答疑解惑了吗?

七、听课或开会

1. 您做到从不早退、从不自由出入、从不接听手机了吗?

2. 您做到认真开会,不在会上批改作业、做他事或睡觉了吗?

3. 您做到保持安静,不与同事窃窃私语,不影响他人聆听了吗?

八、办公室里工作

1. 办公时刻,您做到保持安静,不影响他人工作了吗?

2. 工作时间,您做到从不网上炒股、玩游戏或聊天了吗?

3. 办公室与包干区劳动,您都认真对待了吗?

九、需要外出

1. 离校外出时,您记得告知年级组长了吗?

2. 看病外出时,您记得按照学校的请假制度执行了吗?

3. 短时离校(2 小时以内),您记得征得年级组长的同意了吗?

十、下班离校

1. 最后一个离开时,您记得检查所有电器、门窗是否关闭了吗?

2. 下班时,看到放学的学生队伍,您记得谦让慢行了吗?

3. 回家后,您做到从不进行有偿家教、从不参加"教师不宜"的娱乐活动了吗?

(作者:上海市闵行区华漕学校　刘厚萍)

案例: 用老师的微笑打动学生

每一个孩子都是一个敏感的小精灵,他们能准确地感受老师的情绪,发现你在生气,他们也不敢说话;逼着他们发言,他们反倒死气沉沉;你在课堂上谈笑风生,他们的思绪也随之活跃,和你一起畅游在文字间;你微笑着送上一句问候,再腼腆的孩子,也会扯出一个笑容,支吾着跟你问好……老师就是这样一个以自己对生活、对生命的态度去影响一群人的人。

当我们决定开展"微笑待人"这一养成教育时,我们曾分析,孩子们的脸上为什么没有微笑,是作业太多,学业负担重?是家庭教育有问题?是校园生活缺少乐趣?后来,我们很愧疚地认识到,是老师的脸上缺少微笑。于是,我们拍了一段视频,收集了各年龄、各学科的老师在不同场合对不同人的微笑。画面上的老师们就是我们身边的每一个,长得不出众,但每一个微笑都非常美丽。每个人看了,都会不由自主地展开笑容。这段视频在我们校园里滚动播出,让孩子们明白,在不同场合下,我们在用微笑传递怎样的语言。

当然,视频只是开头,为的是集中呈现微笑无处不在。我们更加大力倡导,每天早上,当你在校门口、走廊里看到孩子们走来,请主动带着微笑送上问候,用自己的行动引导学生学会问候。事实证明,我们的想法没错,当我们每一个老师都试着对学生主动问候,孩子的问候礼仪得到明显改善。

于是,我们开始思考,为什么以往的行为规范养成教育成效甚微,在学校还好,走出校门后,就把规则全然抛在脑后。那是我们老师在言行中,并没有体现出对这些规范的认可和正确的理解。当看到有人来检查手帕时,我们忙不迭地催促孩子相互借,或者给没带手帕的孩子提供一块班级备用的手帕。在我们的意识中,带手帕仅仅是为了应付检查。那么,学生怎么能真正地养成使用手帕的

　　上述两个案例告诉我们，师生关系不仅是人际关系，更是道德关系。教师和学生是一个"共生体"，好的学校、教师懂得利用这种关系，把它作为影响学生、教育学生的"捷径"，让学生浸润其中，滋养行为品质。正如华漕学校案例所言，"这样的教育有机链一旦形成，学校教育生态就会变得越来越好"。

（二）注重同伴间的榜样示范

　　随着青春期的到来，中学生越来越多的时间都与同伴们在一起，同伴关系的重要性也随之凸显。同伴之间提供了相互比较和评价的机会，实际上生命中没有哪个阶段的同伴关系，会像青春期那么重要。这一阶段的亲子关系、师生关系都已退居其次，青少年会认为同伴在很多方面（如穿着打扮、娱乐等）都超越了父母、老师，是这些方面的"专家"，并会顺应同伴压力，而非父母和老师的意见。

　　研究表明，青少年期是最喜欢模仿他人的时期，各种各样的人物形象及其行为都是榜样。他们不光模仿榜样的外部行为，也逐渐学到榜样的内在品质，他们的很多知识经验、思想观念和态度也是通过仿效学习得来的。因此，为他们提供品行优秀且容易被学习的榜样就非常重要。比如那些与学生的需要、兴趣、爱好、年龄、性别与社会背景越相近的榜样，就更容易成为学生仿效的对象。这些相似性带给学生一种可接近感，同时榜样在某方面的"技高一筹"的优秀品行又能激发学生设定自我发展、自我完善的适切目标，不致使其产生"可望不可即"或"望洋兴叹"的心理。因此，这一阶段，重视挖掘学生中的榜样，会起到较好的教育效果。

案例：学生们心中的行为规范金点子

不少初中、高中学校开展了"学生们心中的行为规范金点子"评选活动，让身边人、身边事成了重要的教育资源。以下选取了一些有代表性的金点子。

金点子1	思之而言,言出必行。　友爱中学八(5)班　王乐怡
理由	在做任何事时都要讲诚信,要做自己力所能及的事,不要信口开河,因为那样不仅做不好事,而且会失去他人对自己的信任!"狼来了"的故事是我们从小耳熟能详的,其中诚信的道理也是人人知晓的,但生活中并非人人都能做到。因此,我们说出去的话、给予别人的承诺就要郑重其事。兑现不了的承诺不要许,说过的话就要做到。
金点子2	欣赏——让自己快乐和进步的法宝。　友爱中学八(5)班　陈轶之
理由	欣赏他人、学习他人、快乐自己、发展自己。用发现美的眼睛,寻找小伙伴身上的美,感悟学习和生活中的快乐,进而愉悦自己、提高自己,主动成长。
金点子3	让走廊、过道成为一道学习的风景线。在过道、走廊上设置生物角,放置有特色的植物和动物,做好说明卡片,由每班选派同学轮流照顾这些动植物,并做好观察记录。　文绮中学六(8)班　金昕扬
理由	学校的过道、走廊是校园的一部分,是我们闲暇之余休息、游戏的场所之一,拥有一个优美又温馨的过道、走廊环境,更能放松我们的身心。除此之外,走廊还应成为一个教育场所,在走廊中放置一些有特色的植物和动物,不仅可以美化过道和走廊的环境,还可以让更多的学生认识这些动植物,清楚它们的生长,培养学生对动植物的热爱。
金点子4	勤俭节约,不过度网购。　七宝中学高一(5)班　梁达
理由	包裹的接收对于新疆部学生很重要,但由于个别学生的过度网购,使得包裹接收负担加重,而且大量的包装袋、包装箱严重影响了教室和校园环境,同时也造成了经济上的浪费。
金点子5	好行为从我做起,环保垫子垫课桌,保持课桌亮丽如新。　七宝三中六(1)班　陈梓颉
理由	有一次做值日时,我发现课桌上有人用铅笔打草稿,还有人画乱七八糟的东西,这样既损坏公共财物,又不美观。我们一旦发现这种情况,应及时阻止。于是,我有一个行为规范金点子:每个人可以在课桌上铺一块垫子,薄薄的、软的、可以卷起来的,上课时铺好,写字时留下的橡皮削之类的垃圾可以卷起来倒进垃圾袋,这样我们的课桌可以保持亮丽如新。垫子可以由家中废弃的塑料板或废旧的扇子等适当剪裁而做成,卫生又环保!

(材料提供:上海市闵行区教育局　陈岑)

榜样的行为示范能起到示范、导向作用,使一系列行为规范具体化、形象化,从而易于体验和接受,使仿效者获得榜样的行为模式。特别是当榜样言行不一致时,模仿者往往关注的是其行为而非言语,即我们常说的"身教重于言教"。此外,对模仿者的强化,例如受到榜样肯定,或是得到自我满足感,观察到别人的仿效行为得到奖励,都会促进其仿效行为。榜样学习是行为规范内化及品德形成的一个关键阶段,无论是对于中学生还是小学生,我们都必须积极挖掘学生喜爱和愿意趋同的榜样,发挥其所蕴藏的巨大教育力量。

▶ 二、行为训练

行为训练法是按照一定要求,有计划、有目的地训练学生的行为,是使之形成符合教育目标要求的良好行为习惯的方法。心理学认为,反复练习、训练,有利于形成"动力定型"、"习惯成自然"。从行为训练中,学生可以学到行为规范的执行方式,并随着行为的不断实践,产生并不断加深认识和体验,反过来又促进行为的形成和固定。行是知的最终目的和归宿,学生的认识只有转化为行为,并且在连续反复的训练中,不断巩固成为习惯,才能最终形成道德品质。

(一) 注重家校合作

在小学阶段,行为训练是学生行为规范教育的一个重点。而行为习惯需要及时反馈、不断强化,方能巩固,因此必须联合家庭的教育力量,才能保证行为训练的有效性。

案例:"我能行"家校联系单,促责任行为习惯养成

责任心靠意志来维持,通过行为习惯来体现。小学低年级培养责任心应从培养行为习惯入手,并从行为习惯中去检测。好习惯逐步养成的同时也就是责任心建立之时。为了整合家庭教育力量,促进孩子责任行为习惯养成,我开始运用"我能行"家校联系单,即学生责任行为习惯养成计划。该计划根据孩子年

龄和心理特点,以每天、每周、每学期为培养和评价周期,科学制定良好生活习惯、学习习惯的培养计划和目标。

一、"我能行"家校联系单助学生责任行为习惯养成

(一)习惯培养小步走

在帮助学生责任行为习惯养成过程中,我认为"每个习惯进程的步子要小",对于刚进入小学的一年级学生而言,要求不能过高过多,应通过小小努力就能做到。比如:开学第一个月的要求是学生能独立整理书包。我分四个步骤逐一在每一周分散降低难点:第一周在家长的帮助下按课表整理书包;第二周尝试独立按课表理书包,家长可适当指导;第三周必须按课表独立整理书包;第四周是习惯养成的巩固期,所以特别指出,杜绝家长代劳。

每个月的"我能行"家校联系单会安排 1 至 2 个需要着重培养的习惯作为当月的新要求,新要求的达成会通过大约四周时间采取分层提高的模式进行。每月养成的习惯又会在下一个月作为巩固内容出现,以达成每个学期养成数条好习惯的目标。

(二)设立跟踪评价反馈机制

为养成责任行为习惯必须设立一定时间的跟踪、评价、反馈、修订、检测。活动单上的评价形式有"给五角星涂色"及"画正字法"、"累计得分法"等方式,以家长每天评价为主要依据,班主任每月奖励,在长期地扎实坚持中不断促进培养孩子的责任心。

在表格中我设立了四个填写栏:"本周无需提醒就做到的项目"、"本周有进步的项目"、"需家长多次提醒才能做到的项目"和"无法做到的项目"。当发现有部分学生的部分习惯每周都会被填入"需家长多次提醒才能做到的项目"这一栏时,我顺势增加了"退步项目"这一栏,以及时发现问题、解决问题。

问题出现了,"做作业前做好各项准备工作,完成作业时不随意走动"这项习惯表现,让很多孩子走入了"退步项目",于是我在原来的要求上增加了具体

时间,使评价有了量化标准,评价的促进作用更明显,学生普遍进入了"本周有进步的项目"一栏。

"我能行"活动的表彰会在班会课上进行,我会为表现优异的孩子颁发喜报、表扬信,并为他们拍下照片上传到班级邮箱。让所有同学的爸爸妈妈看到自己的成绩是这些孩子觉得最光荣的事,累积一定数量的表扬信、喜报就能换取小礼物又是他们觉得最开心、最期盼的事。正因为有了这一系列的评价制度,使得孩子们在好习惯养成的同时,责任心也生成了。

(三) 指导家长做好配合协作工作

在"我能行"活动过程中,家长的作用非常关键,因此,指导家长做好配合工作显得尤为重要。家长的育儿能力需不断提高,耐心和狠心缺一不可。

多数母亲在承担家务的同时还承担孩子学习辅导的角色,劳累使情绪容易波动,我通过微信、邮件等发送心理疏导文章让家长自我调节,发送孩子在校的点滴进步,让妈妈们能平心静气去寻找孩子的闪光点。妈妈们情绪稳定,母子关系也会和谐。

"我能行"活动中还安排由父亲作为主要参与对象的活动,如:分发不同的菜籽让父亲陪同孩子一起种下,并做好观察、记录与拍照;安排六一节时父亲为孩子选购一套书,并为孩子写一封信的活动等。这样不但妈妈有了减压的机会,同时也增加了父亲与孩子、父亲和母亲的话题交流,使整个家庭处于融洽的氛围中。家长心理疏导成功,培养孩子好习惯的监督和实施也就有了保障。

通过一年多的不懈坚持,我班的孩子无论在生活方面的责任心还是学习方面的责任心都有了明显的增强。

二、后续思考

1. 指导家长做好评价记录。在实践中发现评价的数据记录较好操作,但含有较多的主观性,家长的知识水平不同,对孩子的要求也存在差异,评价标准不一致,所以要指导家长科学评价。

2. 责任习惯训练要经常抓,反复抓。需要老师坚持。

3. 对学生的激励方式应更具吸引力,为学生喜闻乐见。

4. 适当开展理财能力培养。

孩子是一块璞玉,所谓"玉不琢,不成器","我能行"活动促使孩子养成好习惯,生成责任心,让好习惯与责任心如影随形,必将使学生受益终身。

(作者:上海市闵行区七宝镇明强小学 吴 琼)

(二) 体现导向性

中学生的行为规范教育同样也不能忽视行为训练的积极作用,例如中学阶段的学军活动、军训等,都属于行为训练。通过行为训练,不仅让学生习得规范的执行方式,更获得意志品质的锻炼,由外向内促进积极向上的精神面貌的形成。

案例:"整齐的雄鹰"

一、背景与缘由

1. 确保学生每天一小时体育活动时间

"但闻朝夕读书声,不见操场健身郎",在书包越来越重的同时,中小学生的锻炼时间也越来越少。《中共中央国务院关于加强青少年体育增强青少年体质的意见》明确提出,"把增强学生体质作为学校教育的基本目标之一","确保学生每天锻炼一小时","广泛开展阳光体育运动"。基于此,我校根据学生的年龄、性别和体质状况,组织实施体育课教学,开展广播体操、眼保健操等体育活动,指导学生的体育锻炼,提高学生的身体素质。

2. 以广播体操为载体,培养学生良好的行为习惯

我校生源情况复杂,近50%为外来务工人员子女,家长的受教育程度不高,学生缺乏有效的家庭教育。大部分新入校的学生学习基础差,行为习惯差,

规范意识淡薄,"行为偏差生"较多。本着促进学生健康成长的目的,学校上下就"学生养成良好的行为习惯是学生成长成才的基础因素和先决条件"达成了共识,广泛深入开展学生行为规范的养成教育。规范养成教育需要依托一定的载体,学校经过调研分析,选择确定以学生每天必做的广播体操作为突破口,要求学生把日常的广播体操做好,并在做好广播体操的过程中,逐渐培养良好的行为习惯。

3. 焕发学生的精神面貌,提升自信心,是重塑学校形象的必然之选

学校办学基础薄弱,历经艰难的办学过程,在较长一段时间内,办学竞争力在学校分布密集的区中心区域没有任何优势可言,社会声誉极不理想,一段时间内被称为"垃圾学校",学生被贬为"垃圾学生"。学生当中的随意懒散、不思进取、精神萎靡、注意力不集中、学习效率低等现象的确不在少数,造成学业成绩不理想,学生的自信心受到重创,认为自己是"差学生",学校是"差学校"。为了焕发学生的精神面貌,提升自信心,重塑学校形象,学校在学生中倡导"细节决定成败"的行为方式,以学生广播体操为载体,要求学生把每一个动作、每一个细节做好、做实,规范自己的言行举止,提升学生的"精、气、神",增强学生的自我认同感。

二、过程与方法

1. 做会广播体操是新生入学的"第一课"

"广播体操训练"历来被我校定为新生入学教育的"第一课"。每年8月份的最后一个星期,是对新生进行集中的入学教育的时间,每一位新生都将接受学校为他们量身定制的"军政训练活动",对"站"、"立"、"行"、"坐"等基本动作进行规范,从而为学生"广播体操训练"奠定基础。训练期间,学生们往往要经受烈日高温的考验。从最基本的站姿训练开始,要求学生做到"直腰、挺胸、抬头","目光坚定有神,直视前方",塑造"站有站样"的威严、自信、自强的健康

形象。学生的行走训练也是一项重要内容,要求做到"三有":"有力"、"有序"、"有派"。"有力"是指要求行走的步伐铿锵有力,彰显坚定的意志;"有序"是指行走过程中要注意同学之间的协调配合,确保队伍的整齐,体现团队合作意识;"有派"是指学生的行走要体现良好的精神面貌,呈现积极、健康、向上的精神状态。学生"站"、"立"、"行"、"坐"的基本动作规范的训练,贯穿于新生入学前的"军政训练活动"全过程。

入学初第一个月的体育课、体锻课、班会课是学生进行广播体操训练的固定时间,广播体操训练坚持"动作要领高质量、行操规范高标准、精神面貌高品质"的"三高"要求。技术层面讲标准、重规范,实行广播体操动作要领分解,逐一突破;动作难点讲分散,重点引导;对"动作困难学生"实施个别辅导与"先进帮后进"相结合的策略,不放弃任何一位学生。精神心理层面重引导、讲气质,要求每一位学生做好每一个动作细节,引导学生树立"天下大事必做于细"的观念,要求学生在做广播体操的过程中动作迅速、队伍整齐、声音响亮,以百分百的精力表现出当代中学生自信健康、青春活力的良好精神面貌。

2. 做好广播体操是在校学生的"必修课"

校长室、政教处、年级组、体育教研组、班主任分工协作,齐抓共管,形成学生广播体操训练的合力。政教处负责全校学生广播体操训练与实施的整体质量监控。年级组与体育教研组实行"双垂直"管理,年级组负责本年级学生的广播体操实施的总体协调,体育教研组则主要承担广播体操训练的技术指导工作。班主任和体育委员则负责本班学生广播体操训练实施的程序维护和后勤保障等工作。

广播体操是学生在学校进行体育锻炼的基本载体,学校充分利用这一载体挖掘德育资源,开展德育工作。"让每一位学生将每天的广播体操做到最好",这已经是教师育人的基本共识,这句话赫然写在班主任工作日志的首页上,更印刻在每一位学生的思想意识里。观看学生做广播体操成为了校长每天的工作惯例,成为了校长日常工作中不可缺少的一部分。观察学生做广播体操的状态成为了政教处、班主任了解学生精神状态的"风向标",以便进行必要的心理干预和思想疏导。查看各班学生的广播体操情况也是"校容班风学生督察小分队"每天必备的工作任务,他们详细记录各班广播体操情况,依据一定的标准从队列整齐度、动作规范性、精神状态等多方面进行评定,并将评定结果及时反馈给政教处、年级组和各班级,检查结果作为每周"六项常规评比"、"流动红旗争创"的重要考核指标。

做好广播体操是每一位在校学生的"必修课",是每一位在校学生的基本功,也是激励学生进取的重要措施之一。"谁的广播体操做得最规范"已成为学生相互竞争的重要手段,"哪个班级的广播体操最整齐,精神面貌最佳"成为了各班争创班级荣誉的主阵地。将每天的广播体操做到最好,成为了每一位学生的自觉意识,成为校园里一道亮丽的风景线,"做最好的广播体操"已蔚然成风。如今将广播体操做到最好已成为本校学生的基本标志。

3. 做强广播体操是学校德育工作的"示范课"

如今,学校的学生广播体操已经不是简单局限于一项体育活动了,其内涵已超出了体育运动的范畴,被赋予了更多的德育功能与育人价值。学生广播体操已经成为了学校德育工作的重要平台,是对学生进行德育的一堂生动的"示范课",也成为了学校德育工作一大亮点和特色。这堂"示范课"承载着丰富的育人内涵:关注学生参与"阳光体育"的权利,保证学生获得每天不少于 1 小时的体育锻炼时间,促进学生体质健康的改善;重视以广播体操的动作要领规范的操练为契机,加强对学生良好行为习惯的养成教育,增强学生的规范意识和规则观念;注重学生健康品性人格的形成,将广播体操做到最好,让学生体会到成就感和自豪感,增强自我认同感以及对学校的认同感,提升自信心,焕发奋发有为的精神面貌;学生体质的改善,良好学习习惯的保障,健康人格的形成,确保了学生的学习效率不断提高,学业成绩显著提升。

三、收获与体会

1. 良好行为习惯得到养成

广播体操的动作要领的规范性训练,延伸辐射到了学生的其他行为规范的培养,如课堂基本规范、集会规范、就餐规范、礼仪规范等,逐步引导学生养成良好的行为习惯。部分学生的一些陋习、坏习、恶习得到矫正,一些良好的新习惯在学生身上得到养成。学生的违纪、违法情况明显减少,校园更加和谐。学校也因此连续几年评为"闵行区文明单位"和"上海市安全文明校园"。"以良好的习惯促进学生健康成长"的办学思想已深入人心。

2. 学生精神面貌焕然一新

通过对学生开展广播体操训练,从最基本的"站、坐、行"做起,要求学生做到"站有站姿"、"坐有坐相"、"行有行样",有力地提升了学生的"精、气、神",学生的精神面貌焕然一新。原本学生当中的随意懒散、精神萎靡、注意力不集中等现象大幅度减少,自信心不足、缺乏自我认同感等现象也得到根本性改善。取而代之的是,学生以健康自信、青春活力、追求上进的良好形象呈现在人们面前,在学生社会实践活动、春秋游活动、参观博物馆活动、14岁生日庆祝活动等一系列活动中,学生们因其良好的精神面貌、健康形象和文明礼仪,多次受到上级领导和主办方的表扬与赞赏。

3. 学生体质健康改善明显

高质量、规范到位的广播体操训练,达到了让学生锻炼身体、强身健体的目的。闵行区中小学生体质健康监测报告的数据显示,我校学生的体质健康水平较三年前有明显提升,各项健康指标均高于区平均水平。根据学校历年的毕业班体育测试成绩显示,学生的体育竞技水平均处于区内同类学校前茅,每年都有近30%的同学获得体育测试满分的成绩。学生积极参加体育锻炼的习惯得到养成,越来越多的同学喜欢上了体育运动,"生命在于运动"的健康向上的良好校园氛围悄然形成。

4. 学校形象、声誉持续回暖

学生良好习惯的养成，精神面貌的改善，体质健康水平的提升，保障了学习效率的提升，学生的学业成绩水平迅速提高，学校的教育教学质量一年上一个台阶。学校办学水平稳步提升，办学自信与日俱增，学校形象和社会声誉持续好转，由一所学生不愿意来的学校，转变为学生、家长、社会高度认可的"身边的好学校"，成为百姓心目中的"新优质学校"。学校先后被授予"闵行区文明单位"、"上海市安全文明校园"、"闵行区艺术教育特色学校"、"闵行区科技特色学校"、"少先队上海市红旗大队"、"国家教育部基础教育课程发展中心中学数学学习自适应测试研究实验测试点"、"现代学校制度背景下区域学校文化建设示范校"、"国际机器人奥林匹克培训基地学校"等荣誉称号。

（作者：上海师资培训中心实验基地附属中学　李国芬）

通过以上两个案例，我们可以了解到运用行为训练法值得注意的地方[①]：

首先，行为训练要与教育相结合。使学生认识到养成良好习惯的重要性，明确练习和训练的目的，发挥他们的主动性和积极性，启发自觉，避免盲目机械地简单重复。

其次，行为训练的要求既要严格，又要适当、合理。要充分考虑学生原有的行为习惯水平与结构，尊重他们正当的意愿和需要。要求不宜过细、过于繁琐。

再次，行为训练还要及时反馈、不断强化。人的行为习惯的形成与强化有着直接的关系，而正强化的作用尤其突出。因此，在对学生提出行为要求后，要经常对他们进行检查和督促，对符合要求的行为，给予及时的表扬与奖励，以激励和推动学生不断重视和巩固教育者所期望的行为，并逐渐转化为习惯。

---

① 叶上雄．中学教育学[M]．北京：高等教育出版社，2004．

此外,行为训练的效果与训练的频率成正比,要长期坚持,持之以恒。同时,注意把集体培养和个别训练结合起来,既有集体的统一要求,又要根据个别差异,从各人的特点出发,提出不同层次的要求。

▶ 三、认知学习

"知性德育"的反对者认为,"知性德育"遵循的是科学认知的理性逻辑,是一种对象化的、割裂的德育,将德育变成外在于人的、外在于生活的存在物,将道德从人的生活中剥离出来,仅仅削减为道德知识或道德认知,使其丧失自我。[①] 但这些对"知性德育"的批判也有其片面之处。知性德育并非只有逻辑的或是离散的道德知识,还包括道德思维方式和思维能力,而知识和思维都蕴含着某种价值前提,也需要意志配合,也存在某种情感氛围,而且主知的德育从来都提倡道德实践。无论是科尔伯格的道德建构主义,还是拉斯的价值澄清主张,都是在主知的同时提倡知情意行的统一[②]。这在我们的行为规范实践中得到了很好的印证。许多学校富于创造力的实践,让行为规范的认知学习对于学生而言不再枯燥无味,而是充满了吸引力,并且由知带动了情意行的协同发展。

(一)关注直观性、生动性、趣味性

行为规范内容繁杂,对于小学生而言存在记忆和执行的困难,如何使这些规范变成小学生容易记忆的内容,学校有很多创新做法,如利用童谣、视频等直观、生动和有趣的形式,既符合小学生的认知特点,充分调动他们的兴趣和学习积极性,又能明确清晰地表达小学生生活中绝大多数场景的行为规范。

---

① 高德胜. 知性德育及其超越[M]. 北京:教育科学出版社,2003.
② 上官剑. 青少年责任感缺失的认知维度分析[J]. 伦理学研究,2007(7):48－51.

案例：行为规范教育内容的童趣性表达

交大附小将行为规范教育与小学生的日常生活紧密结合起来，由学生和老师共同创编的儿歌，学生朗朗上口，易学易记。

生活习惯	学习习惯	交往礼仪	学校集体规范	社会公共规范
起床： 起床后，要叠被， 先凉后叠才卫生。 多开窗，勤通风， 经常洗晒益健康。 **洗漱：** 早晚洗脸仪容洁， 认真刷牙好处大。 里里外外反复刷， 不长虫牙吃饭香。 **着装：** 早晨起床不赖床， 穿上衣服忙照镜。 衣服脏了勤换洗， 干净整洁仪表好。 **就寝：** 睡前不吃小零食， 讲究卫生益健康。 纠缠父母不礼貌， 安静睡到早晨起。 **洗手：** 袖子撩起来， 涂点洗手液。 手心搓一搓， 手背搓一搓。 指尖转一转， 清水冲一冲。 小手洗干净， 大家喜欢他。 **用餐：** 用餐前，洗好手， 拿饭菜，不出声； 用餐时，坐端正， 口含饭，不交谈； 细细嚼，慢慢咽， 消化好，身体健。 不挑食，不乱扔， 这样做，真文明。	**课前准备：** 备书本，摆文具， 右上角，放整齐； 擦黑板，理讲台， 作业本，发下去； 喝茶水，散散心， 室外课，快排队。 **预备铃：** 预备铃，丁零零， 快步走，进教室， 心安静，坐稳定， 唱儿歌，背古诗； 上课铃，又响起， 看老师，面微笑。 **课堂：** 课堂上，讲礼仪， 坐姿好，学问大； 头端正，肩放平， 背挺直，脚放稳； 提问时，把手举， 发言时，身站直， 读书时，书拿稳， 听发言，不打断。 **专用教室：** 专用教室路途长， 提前出发别迟到。 爱护用品保清洁， 下课排队及时回。 **讨论：** 学习时，分小组， 角色明，合作乐； 讨论时，声要轻， 活不乱，动有序； 发言时，身挺直， 音响亮，蛮自信。 **作业：** 听好课，及时练。	**校门口：** 进校门，要行礼， 精神爽，礼规范。 离校门，要排队， 鞠个躬，说再见。 **见面：** 同学间，常见面， 校园里，说你好； 路上遇，勿回避， 招招手，点点头； 对老师，也同样， 微笑挥手老师好。 **借物：** 借东西，要诚恳； 及时还，道感谢。 主人物，勿耽误； 有借有还好相处。 **办公室：** 办公室，若无事， 不要进； 若要进，先敲门， 再报告； 谈话时，音要清， 声要低； 临走时，轻轻走， 说再见。 **同学交往礼仪：** 要人帮助先说"请"； 受人鼓励说"谢谢"； 向人道歉"对不起"； 助人常说"没关系"。 **交谈：** 交谈时，看对方， 认真听，不插嘴； 赞同人，点点头， 拒绝人，说抱歉。 **通话：** 铃声响三下， 快快接电话；	**走廊：** 出座位，慢慢走， 出教室，先后走； 楼道里，散散步， 不奔跑，不吵闹； 望远方，醒大脑， 下节课，精神好。 **转弯处：** 转弯处，危险大， 怎样做，能防范？ 靠右走，看仔细， 慢慢走，保安全。 **参加仪式：** 红绿领巾胸前飘， 校服整洁身上套； 戴上标志更骄傲， 精神振奋好风貌。 **图书馆：** 来到图书馆， 安静要牢记， 选书要文明， 不要起争执。 看书要认真， 翻书手脚轻， 看好要还书， 哪拿哪放回。 **卫生室：** 身体不适找老师， 讲明原求帮助， 配合治疗不叫痛， 牢记教训少吃苦。 **公共设施：** 校园是我家， 爱护靠大家。 别把桌子踢， 别把椅子摇。 用水及时关， 纸屑不乱扔， 样样要爱护，	**升国旗：** 升国旗，要庄重； 先脱帽，后肃立。 行队礼，要标准， 唱国歌，要响亮。 **春游秋游：** 讲文明，有礼貌， 遵守公德要做到。 排好队，不喧哗， 安静参观听介绍。 不乱丢，不乱吐， 公共场合讲卫生。 同学之间互谦让， 遇到困难齐帮忙。 **排队：** 先来后到，依次 排列。 插队可耻，人人 憎恨。 保持间距，不得 接触。 短暂离开，事先 说明。 **购物：** 浏览商品，轻声 说笑。 挑选商品，轻拿 轻放。 手有污渍，勿摸 商品。 使用推车，注意 停放。 结账等候，自觉 排队。 **剧场：** 着装整洁，仪容 端庄。 提前入场，入座 等候。

生活习惯	学习习惯	交往礼仪	学校集体规范	社会公共规范
用厕： 厕所间，经常去， 人多时，排队等， 用完后，及时冲。 洗完手，关龙头， 厕所内，勿玩耍。 厕所外，要干净。 **值日：** 值日生，真能干， 洒水扫地擦黑板。 关好门窗和电器， 教室干净放心回。 **外出游玩：** 要出门，提前说， 经同意，才能去。 放了学，不回家， 玩得晚，告家长。 陌生人，不能跟， 陌生地，不能去。	有不懂，及时问。 认真写，细检查； 及时交，不拖延。 有错误，及时纠； 排队批，守秩序。	先说声"您好"， 请问您找谁？ 说话要清楚， 音量要适中； 说完要道别， 轻轻挂电话。 **接受礼物：** 接受礼品学问大， 不能样样都收下； 要经大人来允许， 收下以后要道谢； 无论递送或接受， 都要起立双手接。	人人都珍惜。 **集会：** 按时入场不迟到， 服从指挥不随意。 认真听讲不议论， 不喝倒彩不睡觉。 不吃东西保整洁， 退场有序互谦让。 **消防安全：** 火灾一旦已发生， 不要惊恐和慌乱， 弄湿毛巾捂口鼻， 尽量弯腰快撤离。	观看演出，保持 安静。 不吃东西，不乱 走动。 演出精彩，热情 鼓掌。 演出结束，起立 感谢。 **公共场所：** 公众场所讲文明， 不能大声来喧哗， 不能随地乱吐痰， 不把垃圾去乱扔。 **交通安全：** 交通法规是个宝， 自觉遵守要记牢。 红灯停，绿灯行， 黄灯提醒准备好。 先看左，再看右， 不紧不慢更别跑。 过马路，走斑马， 安全保障最重要。

（作者：上海交通大学附属实验小学　张　玲）

案例："八礼"教育

颛桥小学以创始人张翼老先生提出的"八强"教育主张为核心思想，依据《中小学生守则》内容以及校情和生情制定了独具学校特色的"八礼"行为规范教育内容，请见下表。

序号	项目	标准	要求
1	相敬礼	日常说好三句话 尊重老师不忘了	看到老师主动问好：早上说声"老师早"，平日说声"老师好"，与老师道别说"再见"。
		礼仪线前停一停 弯腰鞠躬互问早	进校：学生须在礼仪线前停步，并足立正、鞠躬，向值日师生问声"早上好"，待回礼后进校。
		登门办事喊报告 离开再见有礼貌	进入办公室要喊"报告"，经允许方可进入。离开办公室要对老师说"再见"。双手向老师传递本子。

序号	项目	标准	要求
2	行进礼	列队做到快静齐 行进遵规气昂昂	(1) 排队做到快、静、齐。离开教室时桌椅排放整齐,关闭电灯、电扇和门。 (2) 行进中保持安静,相互之间保持队形。 (3) 上下楼梯脚步轻轻,靠右走。 (4) 进入入场区转弯行进时须走直角。 (5) 踏准音乐节奏,精神饱满,依次行进。
		上下楼梯靠右走 遵守规则不碰撞	(1) 上下楼梯的时候须靠右行走。 (2) 不并行,不强行抢道。大同学礼让小同学。
		路队整齐守秩序 师生道别不抢跑	(1) 路队整齐,路途中无说笑、打逗、追逐和散队。 (2) 路队行进途中,诵读三字经或古诗文。出校门时,把逗留学生的登记表交给门卫。 (3) 学生出校门时师生互道再见。 (4) 在校等待家长时不随便走动、玩闹。校外遵守交通规则。
3	用餐礼	"三轻三不"守秩序 文明用餐切记牢	(1) 一路纵队轻轻进食堂;教室用餐的排队拿餐盒。 (2) 轻轻搬椅子;轻轻放餐具;不随意说话;不浪费食物;不挑拣食物。 (3) 保持环境整洁,安静用餐秩序良好。
4	课堂礼	课前准备要做好 上课用心勤动脑	课前准备: 第一次铃声响后马上进入教室坐在自己的位置上,准备学习用品;在小主持的带领下整齐地念儿歌、唱歌等。 第二次铃声响后安静地坐在椅子上静候老师上课。 上课要求: (1) 物品摆放:学习用具和书摆放在桌子右上角,与桌边对齐。 (2) 坐姿:坐时坐姿端正,精神饱满。 (3) 写姿:写字做到"一拳、一尺、一寸"。 (4) 举手发言:发言举手,胳膊肘不碰响桌面。 (5) 收发本子:走到桌边,双手接本子。 (6) 课前做好预习;按时完成作业;爱惜物品。
5	休闲礼	课间休息不奔跑, 轻声慢步无干扰	(1) 课间休息,不大声喧哗,不奔跑。 (2) 有序地做小游戏,不在楼梯和廊道上做游戏。 (3) 注意到户外休息向远处眺望。 (4) 做好下节课的准备工作。
6	节俭礼	节约资源献份爱, 绿色环保更美好	(1) 节约用水。随手关闭水龙头,倡导一水多用。 (2) 节约用电。随手关闭不使用的电器。 (3) 节约用纸。能双面使用纸张。 (4) 爱护绿化。不采摘枝叶花果,不在草坪中随意穿行。 (5) 保护野生动物,不吃受保护的野生动物。

序号	项目	标准	要求
			(6) 爱护环境,不乱扔杂物,不损坏教室门窗、窗帘、橱柜、课桌椅、讲台等公共财物。不在专用教室滞留玩耍;离开教室及时关闭电器、门窗。不破坏专业教室器械。发现环境脏及时打扫,公物被损及时报告。
7	康健礼	窗明几净真舒适 值日工作莫忘了	室内: (1) 教室柜、桌、椅面干净,无灰尘、污垢、刻划痕迹;桌、柜上堆物整齐,桌椅排列整齐;静堂时课桌面无堆物,桌肚无垃圾。 (2) 教室内、外地面干净,无纸屑、杂物。 (3) 黑板及时擦干净,槽内无粉笔头、积尘。小黑板堆放整齐。 (4) 饮水机表面干净,无灰尘;室内外标牌干净。 (5) 室内灯管、灯架、投影幕架等器具定期打扫,无积尘。 (6) 教室窗玻璃、窗台、门面、电源开关表面、墙面无尘垢、划痕。 (7) 打扫工具收在橱柜内,垃圾桶内垃圾不溢出、不过夜,垃圾装袋后放置学校垃圾房内。
			室外: (1) 教室外的廊道保持整洁、教室外走道栏杆扶手保持清洁。 (2) 不在阳台扶手上晾晒拖把。 (3) 教室外墙保持整洁。不在墙壁、门窗及其他设施上乱刻乱划,做到墙面无球印、鞋印、污点。
		个人卫生要做好 强身健体保健康	(1) 勤洗澡、勤换衣、勤理发、勤剪指甲。 (2) 每位学生必须带有一杯一帕。 (3) 讲究饮食、饮水卫生,不喝生水,不吃不洁食物,饭后半小时内不做剧烈运动。 (4) 读写姿势要端正,注意用眼卫生,认真做好眼保健操;认真做好室内操。 (5) 身体不舒服及时向老师报告,患了传染病主动隔离,并按医嘱积极治疗。
8	旗标礼	标志佩戴要规范 敬礼姿势要正确	每日佩戴干净、完好的红绿领巾和队长标志以及校徽。标志佩戴要齐全。 戴领巾的学生行团队礼,不戴领巾的学生行注目礼。眼睛注视国旗,精神饱满,不随便走动,唱国歌的时候声音要响亮。

为配合"八礼"教育的实施,学校还特别设计了"礼乐飞行棋"。飞行棋以"校园十景"为主体,涵盖校园的主要道路、场所、景观,以较为重要的行为习惯为内容,设置相应的游戏规则,让学生在玩乐中增强行为规范意识,在玩乐中养成良好礼仪。同时,这也让百年老校的每一处景点、每一座墙面、每一个庭院、每一条道路都成为教育的生命体,最大限度地发掘环境文化的育人价值。游戏规则为:①游戏可供二至四人玩,每人各执一棋;②每人均需在比赛前掷骰子,数目大的先行,数目小的后行;③依照掷的数目进入格内,并依照格内红绿灯指示或前进或后退,或暂停一次或增加一次;④最先到达终点者为礼仪小达人。

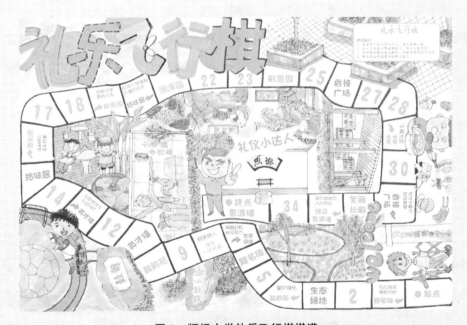

图1　颐桥小学礼乐飞行棋棋谱

学校还将"八礼"内容制作成了视频教程。视频内容来源于学生的校园生活,从学生校园学习、生活的各个细节入手,确立标准,训练行动,监测矫正,实施定点特训,在情境中强化学生行为。每学期初,学校根据"八礼"训练计划表,分阶段逐项落实训练内容（一般每周一个礼的内容），班主任结合自己任教班级提出自己的训练计划，主要利用午会课的时间，依据视频内容，提出相关训练措施，特别强调体现学生的年龄特点。各部门根据学校每周提出的具体内容，进行检查和反馈，检查反馈的结果与"雏鹰和谐班级"创建评价相结合。

（作者：上海市闵行区颛桥中心小学　赵菊妹）

（二）把握时代性，创新载体

网络是当今中学生绕不开的生活领域，中学生的一言一行也越来越多地受到网络语言、交往方式的影响，这是信息化背景对教育提出的新挑战。不少学校直面挑战，研究并利用新媒介的优势，不断创新行为规范教育的内容和形式，构建学生喜闻乐见的教育课程，从而让我们的教育紧跟时代脚步，给学校行为规范教育带来了新的活力，收到意想不到的良好成效。

案例：一周 BOBO 秀

一、起源及发展

1. 起源。"每周广播例会"一直是学校每周五的常规栏目。随着时间的推移和对"每周广播例会"教育实施效果的了解、观测，考虑到我校学生 12—15 岁的年龄特点，主持"每周广播例会"的韩波老师根据多年积累的经验和对学校德育教育工作的思考，从形式、内容和技术上大胆进行突破。形式上改变了原来广播这种单一的声音传播途径和说教式的教育，增加了图片、照片，运用 PPT 形式，丰富了学生的感官感受。后期增加了老师制作的漫画和相关视频，进一步在技术上丰富了这个平台的表现形式。

为了突破传统教育中容易出现的空、大问题，节目内容从两个角度进行了突破：一是紧紧抓住学生生活中发生的事，引发学生切身的感受，给学生更多、更大的触动；二是根据学生的心理和认知特点，引入容易引起学生兴趣和产生共鸣的卡通、动漫或影视形象，如哥斯拉、黑猫警长等等。同时，在话语系统的运用中，也有突破性的改变，既有独到的幽默、引导性的语言运用，又有"同龄人"的聊天、评头论足式的语言运用，即采用了符合学生心理和年龄特点的话语系统，让学生在轻松的氛围和熟悉的话语系统中接受教育。

2. 更名。基于以上形式、内容的改变，这个栏目在全校同学中引起了巨大的反响。正逢周立波开办海派清口和"一周立波秀"风靡全国，这个栏目在学生心目中也开始发生转变，原来的"每周广播例会"没人叫了，同学们私下开始称呼这个栏目为"一周韩波秀"。鉴于这样一种现状和对这个栏目发展的思考，学校决定对"每周广播例会"进行改革，保持吸引学生的风格和特点，做大这块"蛋糕"，使其教育效应更加凸显。学校决定成立一支团队，并顺应学生的需求进行"每周广播例会"的全校征名。2010年9月10日，学校在家校论坛的"通知公告"中发布了"聚焦，广播例会征名中"的帖子，根据同学们的意见选取了比较集中的几个名字制作成问卷，请全校同学投票决定。最后，根据投票结果确定了"一周BOBO秀"这个新名称。

3. 制作团队的壮大。伴随着"一周BOBO秀"的诞生，原来由韩波老师一人主持制作的"每周广播例会"，变成了由政治、美术、历史、科学、英语、体育等八名学科老师组成的"一周BOBO秀"团队，让这个栏目进入到一个新的发展阶段。

二、子栏目推波助澜

1. "一呼百应"。考虑到"一周BOBO秀"在学生中的影响和对学校教育发展的思考，"一周BOBO秀"增加了一个新栏目，即由校长亲自主讲的"一呼百应"，时间定为每月的最后一周。这个栏目的开发，从名字可以解读出其目的及意义，一是从学生主动发展的角度，搭建了一个学生与校长面对面交流的机会。学生可以通过校长微博、电子邮箱等途径，发表对学校发展的建议或意见，表达学习生活中的情绪，反映存在的问题等等，校长将收集到的同学们的信息，通过这个平台反馈下去，"呼应"同学们。二是从学校发展的角度，校长通过这个平台向全校同学们定期通报学校发展的情况、发展的思路，对同学们提出校长的期望，希望得到同学们的理解、支持和呼应。双向的呼应、交流，体现出学校一种民主、包容、开放、海纳百川的办学思想。

2. "文化冒个泡"。2012年9月，"一周BOBO秀"团队对栏目的发展又提出了新的设想，一是准备增设"文化冒个泡"这个新栏目，向全校同学介绍好的优秀的作品，包括书籍、影视作品等等，通过优秀文化引领学生的思想和行为；二是在前期学校老师走入这个栏目后计划让学生也走进这个平台，进一步拓宽这个栏目的发展道路，包括以后对家长资源的开发和利用。基于这些设想，栏目正在做技术、内容、形式等方面的改革和创新，以求继续探索满足学生不断发展的需求、适合学生身心发展特点的德育教育的新途径。

三、主要内容及形式——对学生行为规范教育的极大关注

"一周BOBO秀"从原来每周五中午的广播例会，经过发展演变成为一个学校的教育品牌，除了完成原来点评学生每周行为规范表现的任务，我们还对这个"公众"媒体的作用作了进一步的思考，即如何把学校的办学思想渗透在广播内容中，如何通过优秀文化元素的融入，结合学生的生活世界、心理特点和认知水平，以"文"化人，让学生的行为规范从外在的规定约束逐渐内化为思想的认知、认同并践行为习惯。因此，内容上除了在学生中树立人格、精神、道德的标杆，加强规则教育、安全教育、礼仪教育、环境教育等外，还结合时事热点如本拉登之死、日本海啸之后、钓鱼岛事件等拓宽学生的国际视野；结合老人跌倒后要不要扶引导学生乐于助人、善于助人，铸就平民本色；并利用学生喜欢的动漫

素材如米高梅公司的倒闭、皮克斯公司的崛起与发展、乔布斯与苹果公司的发展,培养学生主动发展、敢于创新、耐受挫折、精益求精等精英气质;同时也针对学生的年龄和心理特点,从学生的日常行为和心理入手,通过对凤姐、Lady Gaga、动漫人物的形象及角色等的分析,阐述什么是良好的个性以及个性表达的恰当方式。另外还利用校友资源,培养、提高在校学生强烈的荣誉感,如参加上海第十四届世界游泳锦标赛开幕式的徐昀婷同学、救助落水儿童并获得2011上海教育年度新闻人物的王俊迪同学等的先进、优秀事迹。

下面是我们已经播出过的"一周 BOBO 秀"的一些精彩的主题和形式。

主题	形式
Lady Gaga——仪容仪表谈	广播、PPT
是谁扔了我们的努力	广播
绿色环保箱、黄鼠狼的故事	广播、PPT
礼貌、环境和安全那些事儿	广播、PPT
哥斯拉	广播、PPT
校园杂谈:卫生间、石头、钻空子……	广播、PPT
牛人;校规学习	广播、PPT
405 室的故事	视频播放
《上海市文来中学(初中部)学生违纪教育管理细则》的解读	广播、PPT
自豪与感动的人	广播、PPT
黑猫警长与"一只耳"们的故事	广播、PPT
钻越隔离栏	广播、PPT
生命之歌——自清池落水猫拯救记	广播、PPT、视频
出入礼仪	广播、PPT
感恩与感动	广播、PPT、视频
毕业之歌	广播、PPT
学期盘点	广播、PPT
09 届中考状元盛景超同学访谈	视频
一周 BOBO 秀更名特别版	广播、PPT
拾金不昧——市民、教师、员工	广播、PPT、视频

主题	形式
书写人生	广播、PPT、视频
安全教育——胶州路特大火灾等	广播、PPT
校园那些事儿——鱼塘、雷人篇	广播、PPT
圣诞节——节日文化谈	广播、PPT、视频
校园那些事儿：拯救鸟儿	广播、PPT、视频
寒假特别版——吃了动漫这块熊掌	广播、PPT、视频
回顾	广播、PPT
如何提升领导力	广播、PPT
钱的故事	广播、PPT
日本海啸的启示	广播、PPT
一封感谢信	广播、PPT
校园那些事儿——绰号	广播、PPT、视频
本拉登之死	广播、PPT
校园星光——红理会、王俊迪的故事	广播、PPT
平民本色——王俊迪学长访谈：规范学习	现场访谈直播
校友风采——徐昀婷	广播、PPT
老人跌倒要不要扶？	广播、PPT
挥洒个性一	广播、PPT
hold 住未来的秘诀；"一呼百应"前传	广播、PPT
寒假特别版——乔布斯与苹果	广播、PPT、视频
有礼逆反一	广播、PPT
有礼逆反二	广播、PPT
一呼百应之狂欢节	广播、PPT
六(5)班、七(1)班美化校园事迹	视频录像播放

四、取得的成效

作为全校性的教育平台，"一周 BOBO 秀"以其独特、新颖的教育方式吸引、影响了全校的学生，主要表现在以下几个方面：

1. 统领了学校德育教育的主流价值观

什么是对,什么是错;什么是一般,什么是优秀;什么是好,什么是更好等等一系列判断人的思想和行为的标准,由于每个人的理解和参照标准不同而形成了不一样的看法和观点。尤其现在信息开放且获取途径便捷,各种不同的思想观念给广大师生带来了冲击和影响。"一周 BOBO 秀"开办之初就紧紧围绕学校的办学思想、办学理念、办学目标、办学特色等展开教育,宣传学校教育的主流价值取向和对学生思想、行为的规范要求。这几年实施下来,全校师生对学校所倡导的思想行为的主流价值观逐渐统一,形成共识,并成为了教师教育、学生践行和师生评判的标准。

2. 促进了学生行为规范意识的形成和践行能力的提高

由于"一周 BOBO 秀"形式活泼,运用的资源丰富,加上主持人特有的幽默和平民化的主持风格,广大学生深深喜爱上了这个栏目,并从情感深处接纳了这个栏目,"亲其师、信其道"在这里得到了明显的体现。学生相互间会不自觉地运用"一周 BOBO 秀"所倡导的价值观比照自己的言行,并相互教育。正如一位班主任老师所言:我做了这么多年班主任,还没见过这样的教育方式,学生们下课都会用栏目所说的内容相互评判,相互教育。如果有谁没做好,其他同学就会马上指出来,受教育者会感到极其不好意思。

3. 形成了学校德育教育的品牌

品牌就是通过高品质的特性让大家接受、喜爱并铭记于心的标志性产物。在文来中学,"一周 BOBO 秀"成为了"家喻户晓"的品牌,每当快到"一周 BOBO秀"的时间,同学们都会催促班级的电教管理员早早打开电视、投影,静候在座位上。平时同学们会主动询问主持人这周是否有"一周 BOBO 秀"(因为某些特殊活动导致时间调节不过来时栏目会暂停),是什么内容,或者与主持人探讨相关的内容,发表自己的感受和见解。不少同学认为直播间充满一种神秘感,很想看看"一周 BOBO 秀"是在什么样的环境、通过什么方式进行的。甚至到后来连学校的员工、小卖部的销售员也知道了这个栏目,并主动与主持人交流、沟通,将碰到的学生身上发生的事情作为素材告诉主持人,希望得到关注。参加这个栏目的老师、同学,下节目后都能感受到同学们的一种特殊的钦慕眼神。

4. 对周围学校起到的示范、辐射作用

随着影响的不断扩大,许多学校慕名前来学习观摩"一周 BOBO 秀"的模式和经验。有的老师来校向主持人当面请教,并索取相关资料;有的学校派老师进到我校班级,与学生一起感受"一周 BOBO 秀"的独特魅力和教育成果;有的学校回去后开始模仿运作(经交流也取得了不错的效果);有的学校结合自己原来的基础,进行改良运用。"一周 BOBO 秀"的运作模式逐渐走出文来中学,走进兄弟学校,发挥出其特有的辐射作用。

五、思考与展望

"一周 BOBO 秀"在内容、形式上的改变、突破,确实带来了很好的教育效果,但任何事物的发展都必然会经历"高原现象"。就是因为这个栏目非常成功,影响很大,更增加了"一周 BOBO 秀"高原反应的强度。如何在现有的基础上,从内容、形式甚至技术上以不断创新的勇气和智慧继续打造文来中学这个特有的教育品牌,使之成为促进学生成长、学校发展的重要载体和平台,是我们一直在思考的德育课题。尤其是怎样让学生也走进这个平台,更是我们思考和探索的一个重要问题。有一点可以相信,这棵在文来土壤里土生土长的教育奇葩,必将聚全校智慧,承担其应有的教育功能和作用。

(作者:上海市文来中学初中部　朱妙琴)

上述几个案例告诉我们,在学校和教师的努力和创造下,加上信息化工具和手段带给我们的机遇,行为规范的认知学习早已摆脱了以往留给人们的死记硬背、枯燥无味、收效甚微的刻板印象,取而代之的是富于时代气息、符合学生心理、易为学生接受的全新模式。行为规范认知学习的内容不仅有意义，而且有意思，可以激起学生的兴趣和情感共鸣，进一步促发了学生的行为，达到认知、情感和行为的和谐发展。

◤ 四、自主管理

学生自主管理是对班级、学校各种活动以及每个学生充分授权，让其产生责任感，从而激励集体和个人学习的自主性和创造性的管理方式。现今的中小学生对于自己的话语权、主动权更加重视，如果用既定的规范去要求学生机械地遵守，效果往往不佳。充分调动学生的积极性，让学生自主参与到班级、学校甚至社会的管理中，体验规范的形成是集体生活、社会生活的需要，而非单纯被动接受既定的规则，更能符合当代中小学生的特点及其认知规律。就自主管理的过程而言，个体积极参与到集体事务中，服从集体的意志，自觉遵守集体的纪律，既有自主性又受约束，也是一个理解规范、体验规范和践行规范的过程。

（一）小学：启蒙自主精神

小学阶段的自主管理重在启蒙学生的自主参与、团队合作、责任意识等。在参与班级管理、校园当家甚至社会实践活动的过程中，在大小集体环境的变换中，学生不断转换角色，获得多维度体验，有利于发展其自主精神，培养良好的行为习惯。

案例：在班级自主管理中实现学生的发展

华坪小学坚持在班级自主管理中实现学生的发展，在班级的日常生活中关注岗位，科学地设计岗位教育的内容，研究学生选择岗位的原因，依据学生年龄特点不断调整岗位教育内容和评价方式，让学生在参与班级管理中获得自主发展。

班级内有着不同的岗位,这些岗位内容蕴含着丰富的教育资源,如学习类的学习委员、课代表、小组长等,这些岗位有利于培养学生认真负责的态度;服务类的黑板美容师、雨具管理员、节能员等,这些岗位有利于培养学生为集体效力的服务意识;行为规范类的手帕检查员、午餐管理员、课间奔跑劝阻员等,这些岗位有利于培养学生的规则意识和自律意识。不同岗位还成就了学生不同的能力,如班级新闻播报员、美文阅读推荐员、活动联络员等,在这些挑战性岗位中,学生的创新能力、解决问题的能力会不断提高。随着年级的增高,我们会指导学生根据原来的岗位表,寻找班级可以增设哪些岗位,或者删掉哪些岗位,通过交流讨论归纳出新的班级岗位。比如:大部分学生已经养成良好的日常行为习惯,像"课间游戏小老师"、"雨具管理员"等岗位就没有设置的必要了。

在班级岗位实践的过程中,学生逐步实现从"做"、"认真做"变为"主动做"、"坚持做"。老师只起到及时督促鼓励以促使岗位正常运作的作用,岗位实践就是要让每一个学生都有属于自己的独特体验。学生在集体中找到自己的位置,感受到自己的责任,对自我的审视、对他人的评价、对做"事"的认识都有了很大进步,行为上也从他律转向自律,班级岗位的产生与设置过程成为了引导学生关注班级生活、自主建构班级生活的过程。

(作者:上海市闵行区华坪小学　陆　敏)

案例:"我们的想法校长愿意听"

学校是面向全体学生的教育场所,习得知识技能固然重要,形成良好的道德也是重要任务,但是,把教育对象看作是"小公民",发展其公民意识和公民人格,教育他们学会行使其公民主权,同样应是不可忘却和忽视的,因为他们终究要成为社会中的公民,他们终究要行使自己的权利并履行自己的义务,所以,我们要给孩子们一个抒发自己心声、用行动去兑现诺言的持久的平台。少代会与校长的面对面沟通制度便是这样的一个平台。

几年来,少代会总是将最具代表性、最有价值、最渴望得到回复的提案或评议,如"教师拖堂占课"、"无作业日出现变相作业"、"屋顶花园建而不开"等比较尖锐的话题摆上与校长沟通的平台。这些问题是所有孩子们感兴趣并想要得到解决的,与校长沟通这些尖锐问题有时场面难免会有些尴尬,但我们看到了这个过程中代表们与校长们真诚的理解和沟通,有时校长们还完全接受甚至非常支持代表们有点苛刻的请求呢。

例如队员代表提交了"减少作业"的提案。何校长向在场的所有队员代表明确了怎么样才算作业多。四(3)中队的孙哲浩提议,抄写类的作业最好能够减少一点,增加一些有挑战性的作业。孙哲浩的想法得到了在场许多队员代表的认可。何校长表示,以后老师可以准备三套作业:一套是最基础的,准备给一些还需巩固加强的同学;一套是有点难的题目,准备给一些成绩中等或偏上的同学;另一套是具有一定挑战性的题目,准备给一些学有余力的同学。

说到老师拖堂时,不少代表纷纷表示主课老师经常拖堂,造成了刚走到教室门口上课铃声就响了,连出去上厕所活动的时间都没有。在此,何校长跟同学们明确了拖堂的概念,在下课铃声响后老师尽快结束上课的内容,占用一两分钟不算拖堂,但占用三四分钟及以上的现象应当制止。随后,大队长包佳颖当场做了一个小调查,请认为班中有任课教师经常拖堂的队员代表举手,在场三分之二的同学举起了手。校长当场表示,以后老师拖堂的这种坏习惯一定会改掉,并要求课程教学部的老师一定要多加检查,多加督促。

在交流到午餐是否美味时,更多的代表积极对学校的午餐问题进行讨论。许多代表表示,在少代会的提案回复后,中午的午餐有所好转,周三、周五的水果也变得营养起来,但是有时饭菜里会出现小虫子,希望以后能完全改掉。

有队员代表提出"食堂校工衣冠不整,不符合校园整体素养,应当加强相关培训",何校长立即表示对大家的感谢,他非常肯定队员对自己校园生活甚至于对校园员工的关注,这些本应当是校长关心的事。我们的队员不但关心校园,而且提出了合理的建议,我们的队员是校园真正的主人!

少代会后,不少的问题得到了切实的解决,现在教室里每个孩子都有自己的工具橱,教室里有固定的放饮水机、雨具的位置,屋顶花园也有组织、有策划地开放了,一些问题正在不断地改善中,下课三次铃声温馨地提示着老师下课的时间,传统民族节日食堂还真的为学生添设了类似于汤圆、粽子等特色点心。如今的校园氛围变得民主开放,队员们更主动地关注起自己校园的生活状况,更自主地参与校园生活建设,思考经营校园生活,更自动地全面发展。

(作者:上海市闵行区实验小学　熊　梅)

(二)中学:促进主动发展

校园生活的主人是学生,对于中学生而言,自主管理无疑是一种很好的教育方式,可以引导学生去思考、判断,并在行为上做出合理的选择。以学生为主体,通过让学生主动观察身边和自身行为、主动思考问题和症结、参与行为规范的制定、体验自主管理的过程和评价等,实现学生在行为规范教育上的自主参与、自我教育和主动发展。

案例: 谈成长话题, 养文明品行

基于学校"成长教育"的育人理念,我们一直坚持德育课程校本化的规划与实践,从多个维度建立了创建温馨教室、社会实践考察、德育主题活动等一系列富有成效与特色的课程,而"行为规范教育"作为融入各德育课程的标杆,是实现"成长教育"育人目标的一个基础指标和要求,也是促进学生提升综合素养的重要途径。

在我校德育课程内容中,以"成长的故事"、"成长的话题"、"成长的足迹"为三部曲的校班会课程坚持实施几年来,一直深受学生的欢迎。尤其是"成长的话题"这一栏目,它的包容度很大,课程内容比较灵活,因此在对学生进行行为规范教育和引导的过程中体现出极大的优势。它在操作上最大的特点是灵活和针对性强,在成效上的特点是将行为规范教育寓于无痕之间。整个讨论活动注重引导学生自己梳理问题、分析问题和提出解决问题的办法,不仅充分尊重学生在校园生活中的主体地位,还着重凸显学生自我管理和自我教育的主动意识,一定程度上也体现了校园生活师生共谋共建共享的理念。

一、"成长的话题"课程设计定位:平等对话,实现共建美丽校园的愿景

在这一课程之初,我们就拟将它设计成一个开放式的师生、生生对话平台,以"共建美丽校园的愿景"为出发点,坚持正面引导,以着力营造健康校园舆论氛围和行动准则为目标。围绕这些设计初衷,我们对这一课程开展的"When、What、Why"三要素广泛听取了建议,最后确定为:When——利用班会课20分钟时间,每两周展开一次话题讨论;What——讨论校内外各种事件、现象或问题;Why——通过系列讨论,师生、生生互相答疑解惑,辨是非、明美丑,并形成学校、班级或小队各层面的一些行为规范细则,作为学生的行动指南。

二、"成长的话题"讨论主题和形式:体现灵活性、针对性和实效性

"成长的话题"课程开设以来,学生和老师都非常乐意参加,因为它有足够的开放性和包容度让师生们共同参与其中。实践中,成长的话题可以采用学校推荐的主题开展讨论,也可以采用年级和班级自选的主题开展讨论、辩论活动;它可以是一个话题的系列讨论,也可以是单独话题的专题讨论;它可以是针对校园事件的讨论,也可以根据社会故事开展讨论。师生们在你一言、我一语中达成了对很多问题的共识,并就问题的解决献计献策,提出了许多解决问题的方法。可以说,每一次话题的讨论都是师生智慧火花的碰撞。

三、"成长的话题"课程内涵:在讨论与实践中明是非辨美丑,养成好品行

学校从开设这一课程至今,以专题讨论或话题系列讨论的形式开展了一些非常有意义和实效的活动,并且也形成了一些行之有效的学生校园生活行为规范细则。

1. 专题讨论:解决实际问题,提高行为规范教育的及时性和适切性

随着手机日益普及,孩子们几乎都拥有了手机,而由学生带手机上学引发的校园管理难题也日益突出,如出现了个别同学课间用手机给同学拍照、上课时上网聊天发短信等情况,甚至还有学生由于没有合理保管造成手机丢失等问题。针对这些现象,学校似乎可以下规定"不准带手机上学"或者"定出几条规则要求大家遵守",但进一步来看,这些现象既反映出学校行为规范教育的需要,也涉及尊重学生通话权等合法权益的问题,且学生带手机上学也是有实际需要的,存在一定的合理性。鉴于此,学校没有用一条禁令简单处理,而是开展了一次"成长的话题"讨论活动,将"学生到学校需不需要带手机(如果需要带手机那么该遵守哪些规则)"作为主题在班会课上进行师生大讨论,并鼓励班级采取各种形式,尽可能多地倾听同学们的意见,力争形成一个关于手机问题的班级管理细则。在实践活动中,班主任和学生们开展了一次"带手机上学利与弊"的分析,在大家摆事实、讲道理的过程中梳理了自己班级的手机问题,有的老师还设计了家长问卷倾听家长的建议,最终各班级基本形成了一致的意见,并制定了富有班级特点的一些行为规范细则。如带手机的同学进校要关机,带手机的同学要征得父母同意,手机要随身携带妥善保管等。而学校则在整理这些细则的基础上,制定了《上海市实验学校西校关于学生携带电子产品管理的指导意见》,给了家长、老师和学生一些建议和要求。

其实,班级提出的大部分细则学校都能制定,但是学校制定规则进行公布与每一个学生参与规则制定之间却存在着极大的差别。这个差别就在于我们

充分尊重了学生的合法权益,将对手机管理的权利交到学生手里。"我带不带手机上学? 如果我带了我该怎么做?"这是学生自己经过讨论、判断之后做出的选择,在这样的选择里学生们更多了一份遵守准则的自觉性。

校园生活的大部分成员是学生,他们每天在学校活动、在班级上课,每天要与老师和同伴相处,那么如何为集体和他人做些有益的事情呢? 本着舆论上正面引导、行为上有所实践的目标,我们分阶段开展了"我能为维护美丽的校园环境做点什么"、"我能为树立良好的班级形象做点什么"、"我能为身边有困难的同学做些什么"等专题的讨论,并提出根据班级的讨论,设计和完成一次班级活动。实践中,孩子们提出了很多建议,各班级还根据这些建议开展了校园志愿者服务、学习一帮一等活动,班集体建设也随之涌现出一些富有特色的发展目标和创建活动,爱学校、爱班级、爱同伴的心愿也慢慢滋养、成长。

2. 系列讨论:金点子里的责任心,情内化行外显

"成长的话题"系列讨论活动一直是学生们很喜欢的一个课程内容,而"金点子里的责任心"主题讨论活动更着重引导学生关注我们的校园管理、关注身边的人与事。活动提出"我们的校园,我们有话要说"的口号,从多个角度引导师生遵循"善于发现不足、客观剖析原因、真诚提出金点子、携手解决问题"的思路去参与校园的管理,营造"金点子里的责任心"活动良好、正确的舆论氛围,始终将校园的管理责任交到每一个班级、每一位学生手里。因此,每一个金点子方案中对校园管理问题的意见和建议都充满了善意、切实、真诚和责任心。

(1)金点子的收集:在整个活动中,学校共收到全校 26 个班级共 182 条次的建议。从这些方案中可以感受到学生们眼中的校园是美丽的,他们爱校园,但是当他们怀着"责任"去观察校园的时候确实看到了问题与不足,如校园安全管理问题、校园绿化布置问题、食堂的食品卫生问题、厕所的保洁和维护问题、

学生日常的学习和礼仪情况、图书馆的藏书问题等。孩子用他们的眼睛看到校园中可以完善和改进的地方,并用金点子表达了他们对校园生活更真切和美好的期待。

(2) 优秀金点子的完善:经过班长会议、行政干部评议后,初步确定 12 个班级的方案内容为优秀金点子。在这些班级进一步完善方案的基础上,确定 8 个班级的方案内容为校级展示和交流的最佳金点子。这些金点子方案有六(2)班的《悬挂绿化的保洁问题》、七(4)班的《学生食堂食物与卫生的改善》、八(4)班的《图书馆藏书和开馆问题》、七(2)班的《学校操场的使用与优化》、七(1)班的《厕所的保洁和安全问题》、九(6)班的《爱心伞撑起温暖校园》等。在这些方案中,学生们围绕"存在的主要问题、对问题形成原因的分析、来自班级同学们的金点子、来自指导老师的好建议、来自任课老师的好建议、来自父母的好建议"等内容进一步整理和完善方案,最后综合成为班级"金点子里的责任心"交流报告。

(3) 最佳金点子的展示:在 8 个参与展示的金点子方案中,我们欣喜地看到学生们以更积极的状态、更多样的方式投入到对问题现状的分析中,同时也注重提出一些更具体、有可操作性的解决办法。在展示报告时,各班级都用课件的形式展示了整个金点子方案的内容,报告中围绕班级提出的问题,有通过书面问卷形成的数据分析,有制作的访谈视频,有当面访谈的照片,也有面对问题和分析所提出的建议,更有班级带来了自行制作的一些作品以佐证自己班级金点子的可行性。下面就以其中两个班级的报告内容为例作简要评析。

在七(1)班的《厕所的保洁和安全问题》方案中,七年级的学生看到厕所的卫生不尽如人意的现状,能想到厕所这一场所对隐私的保护功能,在分析中也能比较客观地分析问题形成的原因,通过问卷他们得出厕所不够清洁卫生多半是因为学生的行为不文明,因此在建议中提出张贴温馨提示语、对学生进行教育、多放些绿化、装个遮掩屏风等改进措施。根据学生的这些建议,学校在暑假的厕所改修中充分进行了设施上的改进,如装上了屏风、粘贴了行为规范提示标语、改装了拖把盆等,现在厕所的卫生情况大有好转。

再如九(6)班的《爱心伞撑起温暖校园》方案。九年级各班围绕"毕业生留给母校什么礼物"的话题开展了讨论,最后年级形成一致意见,就是给学校留下一百把"诚信伞"。在方案展示中,九年级学生代表承诺要完成这个金点子。后来学生和家长一起定制了一百把伞,伞面上写了"诚信、爱心、感恩"六个字,还配了学校的校标,在毕业典礼上学生亲手将一百把伞送到校长手里。如今,这些伞常常让师生们在雨天的回家路上感受着温暖。九年级学生这样的一个思考和实践,体现了学生将爱学校的情感化为了实际的自觉的行动,更体现了学生责任意识的高度成熟。孩子们给学校留下的不仅仅是伞这种物质的财富,更是诚信、责任、感恩的精神财富。学弟学妹们每次使用诚信伞时,都会意识到伞的来历,认识到责任的传递,诚信伞也成为了上海市实验学校西校校园文化的一个缩影。

四、"成长的话题"的实践意义:给行为规范教育开辟了一条生动、有趣和有效的道路

著名的哲学家周国平先生在"教育七条箴言"中讲到,智育是要发展好奇心和理性思考,而不是灌输知识;德育是要鼓励崇高的精神追求,而不是灌输规范;美育是要培育丰富的灵魂,而不是灌输技艺。这些对教育目标与方式的归纳,值得我们深思。校园生活的主人是学生,我们该用何种方式引导学生思考、判断,使他们在行为上做出合理的选择呢?

"成长的话题"作为一种生动鲜活的形式,重在鼓励学生自己寻找和发现问题,重在指导学生讨论和分析问题,更重视推动学生自己去寻求解决问题的办法。两周一次的讨论始终立足于从发生在学生们身边的"行为细节"展开,让学生站在学校管理者的角度去看待问题、解决问题。在实践中,很多学生对校园不良行为或多或少都以共性问题的方式呈现并开展了讨论，在同学们看法的互相交流和碰撞中，班中学生存在的一些偏差观念得以澄清、个别偏差行为也得以矫正。对班主任而言，每一次带领学生参与讨论和制定行为规范细则的过程都是班级梳理现阶段行为规范问题、确定下阶段行为规范教育目标的契机；对学生而言，每一次发言和倾听都是进行自我反省和自我教育的机会，"有则改之、无则加勉"，成了大家心平气和认识问题和解决问题的方式，这种形式不仅在潜移默化中解决了很多实际问题，也成了师生关系和谐共建的平台。

第斯多惠对教育的艺术有着非常深刻的见解，他的名言是："教学的艺术不在于传授本领，而在于激励、唤醒、鼓舞。""成长的话题"这一活动正是这样一种尝试和努力。

（作者：上海市实验学校西校　张美琴）

案例：自主管理　自主成长

我校是区内有一定影响力的品牌学校，由于是民办初中，在生源上有一定的选择性，所以行为习惯极差的学生相对概率较小；由于家长对学生的期望值较高，学生向上向好发展的内驱力也比较明显；总体上说行为规范教育的生态环境是良好的，这是我校行为规范养成教育的优势所在。

也正是由于民办初中的体制缘故，我校将教学质量作为生命线，学生也将学业成绩视为中心追求，有意无意地忽略了行为规范养成教育。学校在对学生的行为规范教育中，以往较多的是灌输性的被动式教育，学生主动改善行为规范的表现较少，缺乏主动性和自主性。如何发挥学生的主体意识，变被动为主动，是我校行为规范养成教育的重要方面，也是目前急需突破解决的核心问题。我们尝试从以下几个方面进行了探索。

一、创设自主管理的班级管理模式,增强学生主体意识

学生大部分的校园生活是在班级这一基本单位中进行的,培养学生对行为规范教育的意识和认同,主要的阵地和环境应该是班级。以往的班级管理,总是班主任说了算,或者是一部分学生干部起着主导作用,大部分学生总是处于被管理的角色,主体意识总体不强。

为了使每一个学生都能参与班级的民主管理,从而增强学生的主体意识,我们在全校各班级创设了一种统一的班级自主管理模式,即"三立制"的学生自主管理模式,其基本架构如下:

(1)"班级全体会议"是班级权力机构和决策机构,班级工作计划及各委员会成员的任免、各项校级以上评优推优以及其他重大事项等必须报全体会议审议通过。班主任为主持人,不参加审议,如有异议,应向议案委员会提出。

(2)议案委员会(9人)就《班级公约》及其班级各项管理制度、各其他委员会成员工作职责及任免办法,向班级全体会议提出议案;就班级管理过程中出现的问题和矛盾向执行委员会提出议案;履行班级管理档案及材料的汇编及保存的职责。

(3)执行委员会执行班级全体会议的决议及日常事务的管理(即班长、学习委员、劳动生活委员、体育委员、文娱委员),其中专项委员会成员对班级重大事项,如嘉年华、艺术节、美食节、黑板报、班级学生社团、校当家、校外社会实践的组织、班级布置等以项目方式进行招标/发包工作。执行委员会中除班长外,其他各组成员为4名,以一人为主,其余三人定期轮换,但在轮换前,必须承担相应的辅助工作,否则,主政学生可以申请将其免职。

(4)评估委员会(9人)就议案委员会、执行委员会的工作,向班级全体会议提交评估报告(一学期两次),对其平时工作有权提出异议。家委会成员可以参加班级日常管理,但只能以评估委员会的方式提出建议和异议。

基本架构如图：

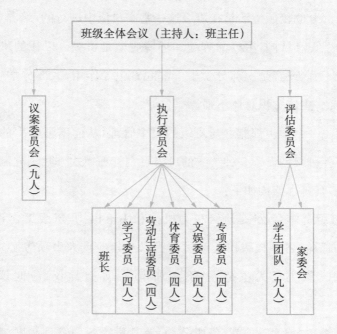

除了"三立制"的班级自主管理新模型之外,学校在各层面创设并形成了各种"学生自主管理"的行为规范管理模式,如校级层面的"每周校当家制度"、年级层面的"行为规范检查制度",学生成为了行为规范管理的主体,以主人翁的姿态参与到学校、年级和班级各层面的行为规范管理中。"三立制"的自主管理模式实施以来,学生在管理与被管理角色中互相转换,每一位学生都有机会成为班级的主人。

同时,在这些基本模式的基础上,学校倡导各班根据自己的实际情况进行有针对性的设计,形成了如"双轨制"、"目标激励式管理"、"班干部轮换制"、"班当家"等一系列创新的做法,形成了有班级特色的学生自主管理的行为规范管理新格局,和谐民主的校园文化逐渐形成,学生的主人翁意识明显增强,培养行为规范的主体意识也明显增强。

二、建立合作探究的公约建设平台,激发学生主动参与

"公约"有两种范畴,即约定俗成已成制度必须遵守的和可以由争议后讨论得出的。学校除了制定一部分必须遵守的校纪校规之外,还尝试建立以完善在学生中存在争议和问题、值得探讨和商榷的制度为目的,通过学生合作探究的形式,以多媒体为呈现载体,名为"文绮之声"的电视平台和"我的校园我做主"的校园公约建设平台,拓展行为规范教育的内涵。

其基本操作程序为:

选择有争议的主题(事件)→微电影/实录→访谈调查→解决方案(草案)→全校/年级讨论→征询意见→形成学校/年级制度(公约)。

我们首先成立了"文绮之声"多媒体社团,由每班选派一名代表组成。他们不仅是社团成员,更是各班的民意代表。他们将班级学生的民意收集起来并汇总到社团,经社团全体成员讨论,选择近期在校园内存在的某一行为规范问题或现象作为主题。如第一期节目前,学生发现我校食堂午餐的浪费现象十分严重,于是,社团成员就此现象展开了调查。他们通过设计问卷调查、实地访谈等方式,了解到造成午餐浪费的原因主要是食堂饭菜不合口味以及学生漠视午餐礼仪。接着,学生根据真实的情境撰写出反映这一现象的微电影脚本,通过学生自导自演,形成微电影实录,在校园电视台进行播放,引发了全校师生对此问题的讨论。在播出微电影的基础上,各个班级一方面提出规范午饭礼仪的建议,另一方面也提出了改善食堂伙食的要求。于是,社团成员分成两队,一队负责搜集整理《学生用餐礼仪规范》(草案),另一队积极与学校总务和校长室联系,最终重新进行了食堂承包方的公开招标。在社团成员的努力下,由家委会和学生代表共同表决更换了食堂承包单位,提高了食堂午餐质量。同时,由社团成员起草的《学生用餐礼仪规范》(草案)在全校下发征集意见,最终形成了我校《学生用餐礼仪规范》,以制度性"公约"规范了学生午餐的行为,杜绝了浪费现象,取得了比原本口头的训诫、传统的行为规范教育更好的教育效果。

"文绮之声"多媒体社团成立以来,学生通过自己发现近期在校园内存在的各类行为规范问题和现象,如学生带手机到学校影响正常上课、食堂饭菜不合口味而导致浪费午餐现象严重、学生打扫完卫生垃圾满天飞等,自主设计问卷,通过问卷或者访谈等形式展开调查,深入学生、老师、家长中去了解和调查实际情况及导致问题的原因,把这些现象和同学、老师们的看法拍成微电影,同时在全校层面发动学生讨论解决问题的方法,形成解决方案(草案),最终以大家喜闻乐见的"文绮之声"电视节目的形式呈现出来,进行全校直播,在节目播出的基础上征询意见,形成学校制度,也就是新的大家需要遵守的"公约"。

"文绮之声"节目成立以来,已制作形成了"纠结的午餐"、"手机是福还是祸"、"垃圾的归宿"、"文明少年,你做到了吗?"四期节目。通过节目,形成了《用餐礼仪规范》、《手机携带条约》、《垃圾倾倒须知》、《禁止校园十大不文明行为》等制度性公约。学生自己发现问题、自己探究问题、自己解决问题,不仅更深刻地理解和认同了相关的行为规范要求,更提高了参与学校行为规范建设的主动性。

三、开展生动活泼的行为规范实践活动,实现学生自我教育

在生动活泼的行为规范实践活动中,润物细无声地开展学生行为规范教育,从而实现学生自我教育,这是行为规范教育的最佳方式。在各种体验式的活动中,学生才能获得学习的经历,有了经历才会有体验,有了体验才会形成观点和思想,最终内化为自身的行为规范和品德素养。

因而,我们根据学校地理位置、学情校情、区内教育资源,开发了多处与行为规范教育主题相符的社会实践教育基地,如交大、华师大等高校,紫竹、航天城等高科技企业,闵行区检察院,闵行工业区内多家外资或合资企业,闵行环卫部门等,组织开展了校本化、常态化、课程化的行为规范主题式社会实践活动。

我们的学生来到上海交通大学钱学森图书馆,通过参观、回顾钱老的一生,体验老一辈科学家钱学森对待生活和工作的态度,感悟爱国、敬业、俭朴等精神涵养对于个人成长与发展的意义;我们的学生来到生产我国第一架国产大飞机和飞机发动机的上海商飞和商发有限公司,通过亲身实践、亲眼目睹、亲耳听闻,体验细节决定成败的真正内涵,感悟个人与社会、个人与国家的紧密联系;我们的学生还来到闵行区检察院未成年人检察科,与全国十佳检察官促膝而谈,穿上检察官的制服和检察官们一起探究未成人犯罪的案例,学习相关的法律知识,体验和感悟中学生养成良好行为规范的重要性;我们的学生还来到环卫部门,凌晨四点就跟随清扫车一起出发运送垃圾,亲身体会环卫工人工作的辛苦,认同着环境保护从你我做起的规范要求;我们的学生更走出国门,来到日本学府,感受日本严谨踏实的求学作风、干净整洁的校园和社会环境,触动着他们向上向好成为文明少年的内心……他们在各类实践活动中体会和感悟着行为规范的重要性,并学会在实际行动中践行相应的行为规范。

我们形成了以重点高校、高科技企业、社区单位、普法机关、国外校园为线索的社会实践基地圈(如下图),实现了行为规范养成教育的校本化、常态化和课程化。

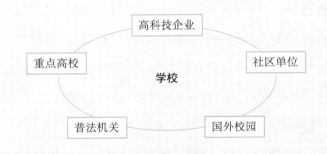

同时,每次活动不仅仅是一次简单的参观,而是要求学生在参观前就通过网络搜索等方式对相关的问题有所认识和了解,然后带着问题去参观、采访,参

观后就相关的主题完成社会实践微报告,做到活动前、活动中、活动后全程都在学习,提高社会实践活动的有效性。

四、完善科学创新的自主评价体系,促进学生自主发展

行为规范教育如果只有制度没有评价、只有过程没有结果,其教育效果也是大打折扣的。而以往的评价体系,一方面,从评价的内容、标准、方式,到评价的过程、结果的反馈等,都是老师、学校说了算,主动权不在学生手上,学生是被评价的对象,很难知晓评价的过程,也不会明白自己到底有哪些地方需要改进、应当如何改进;另一方面,我校还没有从行为规范要求上建立单独的评价体系,都是学校或者德育条线对学生进行统一全面的评价,缺乏一定的针对性。因而,我们尝试以我校学生的行为规范要求为主体,让学生自己参与行为规范的评价内容和标准的制定,让学生自己参与行为规范的评价,让学生自己对行为规范评价的结果进行反馈,从而实现自我反思、自我完善,逐步达成自主发展。

在"文绮之声"社团的工作基础上,我校学生在教师的指导下,自己梳理并确立了我校学生的行为规范养成目标——"礼"、"正"、"静"、"新",并结合我国传统文化"花之四君子"中提炼出的"花君子文化",在全校范围内发起对"礼"、"正"、"静"、"新"的文明礼仪规范的讨论和学习,通过对学生行为规范的纠错和反思,在学习和实践过程中争"文绮君子礼仪奖章",做有文绮特色的有礼、正直、沉静、创新的"君子"学子。

对"礼"、"正"、"静"、"新"的行为规范养成目标,我们通过全校学生的征文和奖章设计比赛对其进行了形象化和诠释。具体如下:

礼兰奖章:体现兰花形象,诠释文明、守纪、有礼。

正竹奖章:体现竹形象,诠释正直、正气、有担当。

静梅奖章:体现梅花形象,诠释沉静、勤奋、乐学。

新菊奖章:体现菊花形象,诠释进取、活跃、创新。

在此基础上,我们整理出了"君子争章守则",细化了对"礼"、"正"、"静"、"新"的具体要求,同时将学生设计的四字奖章设计制作成服饰徽标,颁与在"礼"、"正"、"静"、"新"中某一方面有突出表现的学生,并在校服上进行缝制。穿上带有"君子奖章"的服装,行走在校园里,成为了我校一道靓丽的风景线。

"君子奖章"的出现,让学生们每天的学习和生活过程都能有目标、有激励、有反馈,学生通过自己的努力,每天都能有所进步。通过这种自主评价,学生可以实现在行为规范方面的自主发展。

学校在行为规范教育上的各种尝试,真正体现了学生的主体性,发掘出了学生的潜能。通过学生的自主管理,即创设学生自主管理的班级管理模式、学生合作探究的行为规范讨论平台、生动活泼的行为规范实践活动、科学创新的行为规范评价体系等,激发学生主动参与学校的行为规范管理和教育,从而使行为规范的养成内化为学生自身的发展需求,让学生在体验中有所感悟,在感悟中反思成长,促进了学生在行为规范养成教育上的自主发展。

(作者:上海市民办文绮中学　梁　洁)

自主管理目前在德育实践中得到了大量的应用,并取得了较好的成效。但是,值得注意的是,自主管理的贯彻需要我们正确处理指导性与自主性的关系[①]。从以上几个案例中,我们也可以看出,自主管理活动中,学生拥有充分的自主性,但也需要有学校和教师前期的谋划、过程中的参与指导以及事后的评价和总结。自主管理不是自发性、自流性的行为,而是在教育者正确指导下的自主参与,这样才能保证自主管理活动的方向性和有效性。中学生尽管已具有自主意识和一定的自主行为能力,但他们毕竟是成长中的青少年,对很多方面缺乏知识经验,还不够成熟,

---

① 叶上雄.中学教育学[M].北京:高等教育出版社,2004.

因此不能没有教育者的正确引导。当然,教育者指导的目的也必须是为了促进学生更好地进行自主管理,是在承认学生的主体性的前提条件下给予一定程度的指导。

▶ 五、道德辨析

科尔伯格的道德发展理论中,提出了著名的"道德两难问题",心理学家艾森伯格又提出了"亲社会道德两难情境",对科尔伯格的道德认知辨析进行完善和补充。世界各地的教育实践也证实,通过对道德两难问题的辨析,可以有效推动学生道德认知的发展。通过辨析,在认知层面达成心理认同甚至形成道德信念,无疑会对行为产生巨大的指导力。对于中学生而言,他们的思想更加深刻,对人对事有了自己的观点和看法,同时视野更加宽阔,表现出对社会生活、人间百态的关注。利用这种特点,行为规范教育可以引导学生深入辨析规范内涵,对规范进行质疑和修订,最终内化为自身的行为准则。

案例:行为规范在我心

进入高中已过一年半的时间,高二(10)班的同学褪去了刚入学时候的青涩,更好地适应了高中生活。但一部分同学在遵守行为规范方面有松懈的迹象,忽视了日常行为规范,比如因为赶时间而乘坐电梯,中午课间明目张胆地吃零食,升国旗时低着头不对国旗行注目礼,自习课吵闹无纪律等等。这些或许是很细小的举动,却体现出我们每一位同学的素养与品德。规范意识的培养,不仅对学生的中学阶段,更对他们以后成为社会人有着深远的影响。高中生已经具备较好的反思能力,能够在教师的引导下认识和反思自身的行为,并作出相应的改进。因此班会课中,重点以辩论等形式来引导学生认识行为规范的重要性,反思自身行为,增强自觉践行行为规范的意识。

板块主旨	内容		目的
（一）行为规范是什么？	学生代表带领小组成员朗读《弟子规》的节选片段。		通过中华民族传统的守则规范，引出现代中学生行为规范的主题，感受古代文明的熏陶，使学生对"行为规范"涵盖的范围有初步的认识。
（二）为什么要有行为规范？	在校园	观看视频中我们仍存在的不遵守行为规范的现象。	用情景再现的方式，让同学们看到某一位同学身上汇总的各种校园中不遵守行为规范的现象，并引以为戒。
		讨论视频带给自己的启示。	讨论对视频的观感，引导同学反思自身有时不遵守行为规范的原因。
		正向引导：观看视频中人物遵守行为规范的表现。	呈现刚才视频中的同学把所有违规行为改正后，自身的心灵收获与更和谐的校园人文环境。
	在社会	若干同学上台表演小品《新闻联播》。	通过小品中夸张的人物塑造，让学生了解社会对公民行为规范的要求，以幽默的形式展现"行为规范在我心"的重要意义，进一步加深学生对于行为规范内涵的理解。
		讨论中学生该如何遵守行为规范。	从社会再次回到同学身上，将"遵守行为规范"落实到实际生活中，通过自由发言检验本次班会课的教学效果。
（三）行为规范该怎么落实？	小型辩论赛。三对三辩论：正方——行为规范，自律比他律更重要；反方——行为规范，他律比自律更重要。		通过激烈的思维碰撞，把本次班会的氛围推向新的高潮、思想推向新的高度。通过对自律与他律的探讨，引导同学们更深刻地理解行为规范落实的双重性。
（四）班主任点评			为本次班会做简明扼要的总结，对班会主题进行一定的升华，帮助同学们再次理解"行为规范"的深刻含义，强调规范意识。

（作者：上海市七宝中学　沈　威）

案例：网络热点大家谈

浦江高中将传统德育途径与"微时代"新媒体紧密连接在一起，通过新媒体手段挖掘社会热点中蕴含的行为规范教育的内容，用学生更容易接受的方式开展教育，对学生适时加以引导，帮助学生更加客观辩证地看待"微时代"网络环境下传播的各种价值观。

如：主题班会课例——《呵护青春之花，携手健康成长》

导入	热点破冰："锋菲恋"	通过"锋菲恋"热点的抛砖引玉，引出本次班会的主题：如何摆正对待情感问题的态度；同时，以公众人物作为导入，减少学生的回避心理，力争成功打开学生的心理防线。
聚焦社会	畅谈对于"锋菲恋"的感想： ① 如果你是卢卡斯，你对此有何感想？ ② 你觉得该事件对社会会有什么影响？	引导学生从家庭和社会两个方面思考该事件可能会带来的影响，由此观察学生内心对待情感问题的价值观。

又如，在计算机课上，教师积极引导学生对网络信息的真实性、可靠性及功能价值进行探讨，教导学生学会理性分析、看待网络所传播的信息、观点和思想。

正视"新媒体"的正能量	解救乞讨儿童 2011年1月17日，中国社会科学院农村发展研究所于建嵘教授接受一名母亲的求助，发微博帮她寻找失踪的孩子，微博发出后，立刻引起了网友关注。"随手拍照解救乞讨儿童"官方微博于1月25日正式建立，微博开通才5天就已有万余人关注，300多条乞讨儿童信息发布其上。2月2日，天使投资人薛蛮子在新浪微博中发表了"关于彻底消灭全国大规模拐卖儿童强制乞讨犯罪集团的倡议书"，"拿起手机，随手拍下街头乞讨儿童照片，尽微博之力让孩子回家！"一场全国范围的微博打拐活动就此拉开帷幕，各地公安部门、社会组织、机构和媒体微博纷纷行动起来。引用博友的话就是："尽微博之力，让孩子回家"。	社会事件借助网络的传播作用迅速积聚人气，使问题得到世人关注并寻求解决之法，体现了网络传播的正面作用。
正视"新媒体"的负能量	传谣：金庸"死"了 2010年12月6日，网友"咕噜"在地铁上习惯性地拿出手机逛微博。忽然一条转发的消息让"咕噜"吓了一跳："金庸因中脑炎于2010年12月6日19时07分，在香港圣玛利亚医院去世。"当他回到家打开电脑继续逛微博的时候，却发现满屏都出现了辟谣博。香港凤凰卫视记者20时41分发出一条微博："假消息，金庸昨天刚出席树仁大学荣誉博士颁授仪式。另外，香港没有这家医院，造谣者也太不专业。"这名记者拥有48万多名粉丝，随着这条具有巨大影响力的微博迅速传播，当晚微博的主要内容已经演变为一场辟谣对传谣的反击战。从19时07分金庸去世的消息现身微博，到20时41分微博用户主动辟谣，金庸去世的谣言在微博上仅仅存活了94分钟，就被迅速击破。而经历了金庸假死事件，原本人气不足的新浪微博辟谣区一下子火了，更多的网友自愿承担起辟谣的责任。	新媒体时代是一个人人拥有麦克风的时代，说什么话、怎么说都是个人的自由，但这个虚拟的公共空间也需要讲究网络素养，需要网民自我约束，传播健康的、积极的正能量。

在学校开展网络行为规范教育的过程中，我们的体会是：对于影响学生的网络热点问题，尤其是可能给学生带来负能量的问题，一方面不能回避、不能漠

视,不能以为这些问题会随着时间过去而自动得到解决,因此而延误培育学生关心社会生活、关注世间百态的教育契机;另一方面可以将这些问题作为教育资源,与其他问题进行有价值的链接,启发学生更深层次思考的兴趣,如"锋菲恋"引发学生对于爱情、家庭、责任等传统的学生青春期教育命题的积极探讨和审慎判断。

(作者:上海市浦江高级中学 韩 欢)

案例: 理性@正能量——微时代的我们

在现实生活中,青少年学生在学校、家庭、同伴的注视和教育下,很少出现不合规范的行为。但要在匿名、虚拟、充满诱惑的网络交往空间中,仍能做到自制、自律,则没有那么容易。人们普遍认为,对于中小学生,网络就像一把"双刃剑",一方面,网络拓宽了他们的视野,方便了他们的学习,扩大了他们的社交范围,丰富了他们的娱乐内容,改变了他们的语言习惯,为青少年学生带来了诸多方便。但另一方面,学生很容易沉溺于网络,对自身良好网络道德言行的养成构成了极大的挑战。如何引导学生理性面对,田园高中学生发起了自己的思辨。

课题		理性@正能量——微时代的我们
教育目的	认知目标	理性对待扑面而来的微时代,正确把握自己,用好微平台,做社会进步的促进者。
	情感目标	理性辩证地对待微平台,正确认识它的虚拟性和现实性,正确运用它给人类带来的方便、迅捷、大数据、强感染力和视听等全媒体的冲击力,理性抵制不良影响,扬善抑恶。
	行为目标	辨别真、善、美、丑,理性运用和把控微时代我们的一言一行,践行社会主义核心价值观。

活动过程	导入	教师阐述引出教育主题	学生聆听、观看	带领学生进入微时代
	明辨是非	正方： 微时代是一个最好的时代 反方： 微时代是一个最坏的时代	激情澎湃 唇枪舌剑 场上场下互动提问	唇枪舌剑决战雌雄阐扬理性正气做人底线；无风无雨相逢沙场明晰时代学子肩负责任
	理性@正能量	田园学生陈思源点评	点评双方辩队的表现并提出微时代呼唤主流价值取向	呼唤正能量
		海耀律师万文志点评	从法律角度阐述微时代学生们该怎样做	理性的呼唤
		主席综评	时代的呐喊	核心价值观传承
	希望与祝愿	总结：同学们，无论是过去、现在，还是将来，都希望你们能理性处事，严格要求自己，有理想、有抱负，做社会发展的促进者和正能量的传播者。	写下一句关于微时代的我们该如何要求自己的言行的话语（座右铭）以鞭策自己，并通过微信发送到学校微平台。	让学生由感性上升为理性，再落实到行为中。呼吁学生理性、健康的成长。
		颂：《社会主义核心价值观》		

（作者：上海市田园高级中学　付宗亮）

　　从上述几个案例中，我们不难发现，现今的中小学生对于自己的话语权、主动权更加重视，如果用既定的规范去要求学生机械地遵守，效果往往不佳。学校、教师不应回避一些被学生广泛关注、影响学生行为规范的热点问题，尤其是负面问题，而应就此与学生进行公开讨论和澄清，充分调动学生对规范的质疑，体验规范的形成是社会生活的需要，在主动思辨中理解规范的内涵和背后的意义，达成一些行为准则、底线和观点上的共识，切实给学生以正确的引导。充分调动学生进行道德思辨，而非单纯学习制定好的规则，不仅是对学生主体性的尊重，也更符合当代中小学生的特点及其认知规律。

六、评价导向

德育评价法,即依据教育目标和内容等对学生的思想和言行作出评判,以促进良好品德的形成和巩固,纠正不良品德,进而促进学生的全面发展的方法。德育评价法具有重要的教育价值,其中最重要的是激励和导向作用。许多学校经过多年探索,在德育实践中形成了一套较有科学性、操作性强、效果较好的行为规范教育评价体系,以下试举几例。

(一) 注重激励性

最理想的评价效果是激起学生内心主动发展的欲望,在时间维度上指向未来,而不是让评价仅仅成为对学生已有表现的一种反馈,停留于对过去的回顾。要达到这种效果,需要注重方法的科学化、人性化,需要符合学生的心理特点。在评价的运用方面,行为主义理论中提到的"正强化"思想,有助于我们恰当地掌握评价时机,采取正确的评价方式和强化物,以获得理想的教育效果。小学阶段,学生对于老师的"奖励"具有浓厚兴趣,江川路小学、蔷薇小学等,将"实现美好愿望"作为"奖励",即好习惯的强化物,大大提升了评价的吸引力和激励性,从而大大促进了学生在行为规范养成上的主动性。

案例: 积分换船票 评价促成长

【设计创意】

一、与校园文化对接

学校五十多年的办学历程培育了"扬帆"文化,倡导学生做"扬帆"好少年。"扬帆",字面释义为把船上的帆升起来,开始航行;引申义为开始行动,朝着新的目标努力奋进。良好的行为习惯犹如"船票"一般,是学生在人生航程上能够扬帆起航的最基本、最重要的保证。受此启发,"船票"成为了我校养成教育中的重要元素,我们力图让孩子通过养成好行为习惯来换取船票,再凭船票消费(即换取相应的实践体验活动),通过这一系列活动使孩子们成为"扬帆"好少年。因此,我们进行养成教育设计与规划是基于与学校文化进行对接的思考,以使教育更富吸引力和生命力。

二、关注行为规范养成的全过程性

众所周知,习惯是在长时间里逐渐养成的、一时不容易改变的行为和倾向。据有关人士研究发现,好习惯的形成需要 21 天左右的正确、反复的练习。在"积分换船票"活动中,我们设计的规则是:两周一积分,一月一兑换;目的是使学生为积累积分而争先恐后地实践各种良好行为,积极参与行为规范的养成,潜移默化地将良好行为内化为良好习惯。

三、突出学生在行为规范养成上的主动性

在学校行为习惯养成教育中,采取的方式往往比较枯燥,这种教育带来的直接后果是学生"只会说不会做"、"只愿玩不愿做",无形之中助长了学生"言行不一"的毛病。学生在学校里表现很"乖",但其实质是"老师要我这么做,我才这样做的"。由于学生对行为规范教育内容和方式缺乏兴趣,导致出了校门,所有的好习惯就都不见了。

孔子曰:"知之者,不如好之者;好之者,不如乐之者。"只有学生真正从内心想要实践良好行为了,才能发挥调动他们的主体作用。学生曾在少代会上提出过一些要求,比如要与校长午餐、参加曼可顿面包制作、设立无作业日等;在学生调查中也表达了一些美好的愿望,如想担任光荣升旗手、想做学科课代表等等。我们在设计"积分换船票 好习惯伴我行"的消费项目时,对这些要求和愿望予以充分考虑,使得消费项目对学生充满着无尽吸引力,有助于激发学生的参与热情,使学生由被动接受变为主动发展,从而更好地内化好习惯。

【模块构建】

一、运作模式

（一）机构设置

"积分换船票"总部名称定为舰长办公室（少先队大队部），有舰长 1 名、副舰长 2 名，负责全校船票的管理、监督、评价工作。各中队分别为独立号，分设船长 1 名，副船长 1 名，舵手 1 名，具体负责积分管理，办理船票的兑换。所有船长、副船长均由学生民主推选产生。各中队的辅导员（班主任）为监督员，负责每学期的启动和总结工作。各学科教师和家长担任学生良好习惯的评价者和监督者。

（二）操作流程

每位学生都有一本护照，记载积分情况和所获船票。"积分换船票"活动就是仿照银行储蓄的形式，引导学生把自己在校内、校外良好的行为兑换成一定的积分存入自己的"护照"。在各独立号（中队）内每两周在行为规范午会课上进行折算和积分，每一项最高得分为 3 分，最低得分为 1 分。每本护照积满 40 分，即可由船长到舰长办公室领取申请表，通过审核，换取相应的船票，获得一定的奖励"消费"。

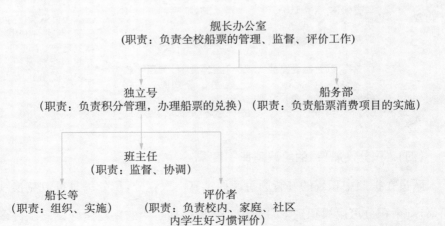

舰长办公室
(职责：负责全校船票的管理、监督、评价工作)

独立号
(职责：负责积分管理，办理船票的兑换)

船务部
(职责：负责船票消费项目的实施)

班主任
(职责：监督、协调)

船长等
(职责：组织、实施)

评价者
(职责：负责校内、家庭、社区
内学生好习惯评价)

二、各项制度

为了使运作流程更为规范,我们制定了相应的制度:

(一)"积分换船票"规范运作制度

每学期开学初,在班主任老师的指导下各独立号举行启航仪式,颁发护照。期末举行返航仪式,总结一学期来的收获和进步。

(二)"积分换船票"存入积分、兑换船票制度

"积分换船票"不需要惊天动地的壮举,也用不着刻意寻找机会。只要你心目中有学习规范行为的愿望,并从每一件小事做起,从规范自我做起,就可以获得积分,存入护照,由船长在"护照"上盖上相应的船票图章,兑换船票。积分须知中,特别注重实实在在的小事。

(三)设置"好行为兑换积分指南"(部分)

	低年级	中年级	高年级
学习习惯 内容 与积分	1. 自己的物品摆放整齐,自己整理书包。(2分) 2. 课前准备充分,文具、书籍摆放整齐。(3分) 3. 爱惜文具,保管好自己的学习用品。(2分) 4. 坐姿端正,认真倾听,积极举手发言,回答问题时声音响亮,精神饱满。(5分) 5. 作业能按时、独立完成,书写整洁。(3分) 6. 爱护簿本(练习卷)。(2分)	1. 探究学习时能主动参与小组团队合作讨论。(4分) 2. 学会做计划和充分预习。(3分) 3. 坐姿端正,认真倾听,积极动脑,准确回答。(3分) 4. 能及时完成作业订正。(3分) 5. 订正作业时,如遇不懂能虚心请教他人。(4分) 6. 考试不作弊。(2分)	1. 常看课外读物,并做好摘记。(5分) 2. 能自主学习,提高学习能力。(4分) 3. 认真上好队会、午间俱乐部,老师不在时也能自觉遵守。(5分) 4. 有些科目能及时做好笔记。(2分)

(四)"积分换船票"的船票消费制度

队员在护照中积累的好行为每两周结算一次积分,积分每月可以兑换一次船票,剩余积分可以累积到下月使用。学校根据学生的兴趣爱好设立了许多消费的机会,队员可以在指定时间内利用所获船票进行消费。消费实际上就是一种奖励,通过消费,对队员的良好行为习惯给以充分的肯定。各独立号根据本独立号的实际情况制定相应的消费标准,并定期进行适当的调整。

船票与消费项目的选择

积分	船票	消费项目
40分	智慧号	午间观看一场电影、进行一次才艺展示、到图书馆借阅一本新书、担任一次光荣升旗手……
60分	创新号	担任为期一个月的学科课代表、主持一次队会、参加一次校级的社会实践体验活动(曼可顿面包制作体验、健康生活馆实践、敬老院服务活动等)……
80分	和谐号	提名"扬帆少年"候选人、访谈校长、主持一次升旗仪式、策划一个学生活动、一天无作业日……

(五)"积分换船票"的评价人员组成

校内:学校指定1名领导负责指导"积分换船票"活动的组织、协调和管理工作。各独立号内的船长等对积分工作进行管理,各独立号认真做好护照的发放、打分、归档等工作。班主任老师利用班会,定期召开"积分换船票"积分活动会议,公布护照积分情况,讨论、总结工作,并对积分活动情况进行小结。学科教师在认真学习好习惯达标要点的基础上,在课内、课外为学生的好习惯做好及时记录与评价。

社区:社区利用假期、节日、周末组织不同年龄阶段的学生开展相应的活动,活动之前,学校事先与社区协商活动相关事宜,确定活动内容,并邀请社区人员参与评价工作。学生参与社区活动时,社区人员对参加社区志愿活动的学生及时进行登记和评价。

家庭:学生家长根据活动的要求,有意识地为孩子创设实践良好行为习惯的机会,并根据孩子在家的表现,实事求是地做好记录。

【所获成效】

通过近两年的实践,"积分换船票　好习惯伴我行"的探索收到了明显的效果。

一、引领教师、学生、家长评价观念的转变

通过"积分换船票 好习惯伴我行"所构建的体系,教师和家长从过去单纯关注学生的成绩,转向既关心学生学习又关心学生良好习惯的养成和发展,从而更好地帮助学生了解自我,找到自我的增长点,树立不断进取的信心。

二、激发学生主动性,促进良好行为习惯的内化

由于船票的消费项目不同,因此在每月开始前,每位学生都事先在心中做好了计划,筹划着这个月积攒多少分,才能达到自己的船票,去消费喜爱的项目。每当获得高积分、换得好船票的学生可以去校外的实践基地进行活动时,那些低积分的学生就会暗下决心,下次要迎头赶上,从而形成了你追我赶的"好习惯"竞赛局面。当他们争先恐后地实践各种良好的行为,并积累到一定的阶段,他们的好习惯也就在不知不觉中养成了。

三、形成三位一体的教育合力

我校的"积分换船票 好习惯伴我行"获得了学生、家长、教师和社会的认可,教师们积极投入到对学生教育实践和理论的提升上,家长、社区也积极参与学生良好行为的记录和评价,加强了学校和家庭、社区的联系和沟通,形成齐抓共管的工作合力,也使我校的青少年思想道德建设获得了崭新的发展。

（作者：上海市闵行区江川路小学 赵美华）

案例：应用数字化德育管理，促进成长进步

学生行为养成是否与年龄有关？学生的个性点应如何确定？学生喜欢的活动背后隐藏着他们怎样的内心世界？对于以上种种有关学生德育教育的问题,蔷薇小学尝试建立"数字化德育管理系统"进行相关探索,运行模式如下：

活动形式——代币奖励 学校自 2010 年起开展以代币制（点点币）奖励为

核心运作方式的红领巾信用社活动。具体操作为：当学生在学业、活动、行为等诸方面获得进步时，即可获得电子奖励币（学校统一称为点点币，寓意着每天一点进步，点点滴滴伴成长），每个学生都有一个自己的账号，获取的点点币将存入账号。

活动保鲜——兑换心愿课程　代币制的成效，完全取决于后援增强物的种类多寡以及增强力量的大小，所以行为改变方案务必慎重选择后援增强物。学校开设科学、艺术、家政等心愿课程，学生可以自由支配自己的点点币参与心愿课程。课程内容征集自学生，例如：瘦身俱乐部、西点烘焙、3D打印课程、小小农艺师课程等，心愿兑换制的出现大大提升了点点币对学生的吸引力。

技术支持——数字化德育管理系统平台　数字化德育管理系统从点点币采集到心愿课程兑换，形成良性的运作系统。每位学生拥有一个身份认证（电子校徽），以区统一学籍号作为识别编号，学生账号也统一定为学籍号。

举例说明：

行为规范币获取：学校将在校行为规范细分为10条45款，学生根据自己的表现进行自评及组内互评。操作中使用《行为规范考核专用表》，以五角星为标记，同一条中获得80％五角星的学生即可获得此条的积分一枚点点币。

岗位币获取：操作中使用《岗位考核专用表》，自己根据所在岗位进行每月一次的自评、组内评定、教师评定，并获取相应点点币。例如：某学生担任数学课代表，在考核中自我评定最高值为1枚点点币，在组内评定中最高获取2枚点点币，获得数学老师认可则可获得2枚点点币。因此，每个学生在一个月中可以获取一个岗位不高于5枚点点币的奖励。

活动币获取：学校学生部联合各部门统计学生参与校级、区级、市级各类活动次数及获奖情况，使用《活动币考核专用表》，根据表单对应的点币值获取相应点点币，此考核每月进行一次。例如：某同学参加学校运动会跳远比赛，获得第一名，即可获得参与分1枚点点币及校级第一名7枚点点币，总计8枚点点币。

目标心愿币：每个孩子每个月都有一次机会为自己设定一个最近目标小心愿，并找到相应的见证人确定与之对应的点币值，一个月后经见证人认可，即可获得事先确定的点点币。例如：某位学生不太喜欢运动，他可以和体育老师达成协议，如果坚持一个月内每天早晨绕操场跑步2圈，即可获得约定的点点币。此考核每月进行一次，内容涉及学生个体发展的各个方面。

数字化德育管理系统以学生为主体，改变了过去传统的灌输式道德教育，从受教育者实实在在生活的校园环境出发，注重受教育者的道德实践，使其道德提升由被动的接受过程变为能动的实现过程，与促进学生知、情、意、行发展的道德教育目的不谋而合。学生在实践中形成自己的判断体系，能正确分辨自己的行为正确与否，并主动矫正自己的不良行为，从而养成良好的生活和学习习惯，提升道德水平。

（作者：上海市闵行区蔷薇小学　朱习华）

（二）凸显导向性

到了中学阶段，不再像小学时那样对于一般的"奖励"具有强烈兴趣。他们的自我意识开始发展，对人、对事有了自己的判断和思考，逐渐建立了自己的评判标准，但同时也重视他人对自己的评价，并会将之作为自我发展的重要参考。因此，建立一套基于学生生活的、学生认可的、同时对于学生发展具有导向性的评价标准，就显得尤为重要了。

案例：让规范成为一种信念

我校在原有发展基础上，结合学生发展现状和学校教育优势（生命健康教育、环境道德教育和创新教育三大教育特色），在实施行为规范教育的过程中，从行为规范养成教育课程体系、有效教育方式和学生成长评价三方面进行实践研究，《记录—评价》手册的使用正是基于这样的考虑。

一、《记录—评价》手册的出台，旨在结合学校发展目标，引导学生养成良好的行为习惯和健康人格

行为规范教育是终身教育，虽然学生从小学到初中都会接受相关的行为规范教育，但是进入高中后，行为规范教育应该被赋予更新的内涵。基于此，我们确立了闵行中学学生的发展目标：通过三年高中教育，使学生形成科学作息、健康饮食、坚持锻炼的生活方式，养成自主学习、独立思考、勇于质疑的学习习惯，学会有效地自我管理和自我规划，成为举止文明，有规则意识、责任意识和担当精神的优秀公民。

作为上海市高中学生创新素养培养实验学校之一，我们确立了学生创新人格、创新思维和创新能力培育研究方向。其中"创新人格培育"侧重于对学生进行公民素养和发展动力系统的研究。

二、《记录—评价》手册的内容，侧重于高中生的自主管理和自我规划

学生进入高中后，我们通过生涯辅导课程引导学生对高中三年做好整体规划，《记录—评价》手册中的指标体系也引导学生在自我评价的同时不断自我矫正。

我校的《记录—评价》手册有两本，分别是《闵行中学学生成长记录手册》和《闵行中学学生成长评价手册》，从"道德人格、身心健康、学业学能、社会角色、实践创新"五个一级指标及进一步划分的二级指标和评价细目对学生进行过程记录引导和多元综合评价。

一级指标	二级指标	评价细目
道德人格	目标规划	理想目标、自我规划
	个人品格	关爱感恩、诚实守信、勤奋坚韧
	公民素养	礼仪规范、责任义务、公德意识
身心健康	运动与健康	身体素质、体育技能、生活方式
	心理健康	自我意识、保健意识、心理素质
	交流合作	有效沟通、保障执行
	审美表现	审美意识、艺术素养

一级指标	二级指标	评价细目
学业学能	学习能力	学习愿望、学习状态、学习方法
	学习成绩	各门课程成绩表达
社会角色	学校角色、家庭角色和社会角色	角色意识、承担责任、取得成效
实践创新	校园实践创新和社会实践创新	创新意识、创新能力、创新表现

《记录》手册是在家长和教师的引导下，以事实记录和类似周记或微博的形式引导学生书写。《评价》手册以学生自我评价为主，注重评价过程和教师、家长的引导。例如《评价》手册中有自我评价等第（对照评价细目逐条进行评价）、材料描述（自我评价等第依据）和成长足迹小档案（参加活动照片、获奖证书等），意在引导学生在自我评价中学会整理、总结、自我分析、自我激励。

三、充分发挥《记录—评价》手册的导向功能

1. 引导学生思维习惯和行为方式的改变

通过对评价细目的解读和指导，让学生学会关注丰富的校园生活，而不仅仅是分数。

比如在学术规范方面，我们的评价指标有关注课堂学习的"积极听课、积极思考、积极参与讨论，能够独立完成预习、复习等学习过程"，关注学生学习兴趣拓展的"独立承担（参加）一些活动项目或社团"，更有关注学生的创新意识与学业相结合的"在课堂讨论中积极表达自己的观点"、"在学科实验中表现出较强的设计和动手能力，有创意性表达"，给学生明确的可操作的评价体系，引导学生以研究性学习的思维对待学科学习，在学习过程中勇于发现问题，提出解决方案，并付诸实践，同时也熟悉了课题研究的规范。

又比如我们倡导学生有健康的生活习惯，《记录—评价》手册中提出了"有擅长的运动技能，经常进行体育锻炼，具有健康的生活方式"的评价细目，同时又通过健康餐饮课程和行为规范的健康餐饮训练，以及社团活动等把学生对健康餐饮的理解和研究成果广泛宣传，营造良好氛围，让学生明理、践行。

如今很多领域都在强调创新,其实创新意识是和日常的行为紧密联系在一起的,需要通过实践活动去培养。所以,在校园实践创新中,我们提出"有创意地组织或参与各种校园文化活动",引导学生从身边的事情做起。同时,学校也为学生的实践提供了一系列平台。比如"创新孵化基金"的设立,就是要资助那些有创意,并且能通过自己动手实践去实现创意的学生。当然,学生在实践的过程中有成功也有失败,孵化基金只要求你有完整的实践过程,可以是成功的表达,也可以是失败后的反思,基金都会给予支持。仅在其中一期孵化基金评审中,就有无线火灾报警器、环游闵行的"闵中 RUSH"活动、校园公共设施的标识设计等 20 多个项目获奖,就是遵循了这一原则。

　　2. 引导学生视野的拓展

　　作为实验性示范性高中的学生,眼光不能只盯着自己的分数,闵中的学生大多数都认同这一观点,但要真正实现转变,学生觉得没有方向,弄得不好就会有说空话、大话之嫌,所以教师引导学生找准关注点就显得尤为重要。

　　在《记录—评价》手册中,我们引导学生关注东方哲学中"修身、齐家、治国、平天下"的经典,去寻找身边感动人心的一刻,记录下"修身的我"、"治国的他"、"齐家的故事"、"静心平天下"的智慧等等,引导学生关注自我、关心别人、关心天下,书写感悟、反思、内化和成长。例如,有学生在"修身的我"中写道:"考试紧张是难免的,遇到不会做的题目也是常有的事,但我想更为重要的是能否诚实表达自己的成绩。本学期期末考试是我经历的第二次诚信考场考试,似乎已经适应了,每一个人都会用自己的定力和诚实的品质来面对考试,因为这样收获的是对自己的一份尊重。"也有学生在"治国的他"中这样写道:"最近看到一篇博文《为生存而烦恼的法援》。80 后的叶进国是本文的主人公,一个不收当事人一分钱的律师。在人们眼中,律师是一个令人羡慕的职业,而叶进国竟然陷入了生存危机,但即便如此,他依然义无反顾地穿梭在城市的各个角落,免费帮助那些需要法律援助的民众。在他眼中,律师并不是一种职业,而是一种生活。这样的精神值得我学习。"学生们开始学习关注、了解身边人的平凡事,学习观时事跌跌宕宕,解世事纷纷扰扰。

3. 引导教师、家长对学生成长的关注

学校每月都会安排固定的时间完成《记录—评价》手册中的过程性记载,学期结束后再做汇总评价。这主要在教师和家长的引导下完成,特别是家长二对一的引导更加细致、到位,充分利用了家庭资源,形成家校互动合力。

四、对《记录—评价》手册使用后的一些思考

1. 如何让互动更紧密,关键在于教师的引领

在《记录—评价》手册使用的过程中,我们发现班与班之间存在着很大的差异。有些班级的学生会经常讨论《记录—评价》手册中的一些指标和记录的故事,因为班主任经常会引用其中的一些故事在全班交流和推广;而有些班级的学生也会出现敷衍了事的情况,他们会根据班主任对《记录—评价》手册的重视程度来决定自己的投入度。另外任课教师对《记录—评价》手册的关注度也需要更大程度地提升。

2.《记录—评价》手册的可持续发展要走与学校各类课程相结合的道路

要真正实现对学生成长的评价,就需要详细记录学生成长的过程性资料,所以与学校课程配套的《记录—评价》手册将是我们进一步改进的方向。

欧洲小国瑞士被称为"没有自由的天堂",在这个国家里没有人会在规定以外的时刻随意喧哗,就算是空无一人的十字路口,他们也会静静地在红灯前等候。偶尔有外来人士"犯规",他们会毫不迟疑地制止,一切都井然有序。在条条法规面前,他们尽情享受着自由。所以,作为市实验性示范性学校,把养成教育作为终身教育,让规范成为一种信念,寻找属于学生们的成长的天堂,我们责无旁贷。

(作者:上海市闵行中学　林　唯)

通过以上几个案例，我们可以看到，作为一种行为规范教育方法，评价一定是发展导向的，不是已有道德品质、行为习惯的盖棺定论，而是长远、持续成长中的调节与促发节点。中小学生是发展中的人，切忌做非好即坏的两值评价。评价要激起学生向善、向好主动发展的动机，并为学生指出发展的可行方向。

七、个别化教育

个别化教育与前面几种方法既有区别又有联系，它不能算是严格意义上的方法，而是根据教育需要多种方式方法的综合、个性化应用。在这一章节的最后，我们也结合案例将行为规范教育个别化教育的相关内容做简要说明。

区域内学校学生生源广泛，来源多样，层次差异比较大，因此在行为规范认识与实践上，存在以下三个比较突出的特点：①学生对行为规范的认知与实践不一致，学生个体之间情况有很大差异；②学生在校内和校外对行为规范的理解和遵守不一致，对道德和法律规范的要求认识模糊；③学生个体中有心理问题、特殊家庭背景的人数较多。这些特点都对行为规范教育的个别化教育提出了更高的要求。

个别化教育是相对于一致化教育而言的，其主要特征是，教育对象的个别性和教育方法、形式的差异性。开展个别化教育，主要针对学生的个性特点和个体需求，协调学校、家庭、社会各种教育力量，运用正确的教育思想和适切的教育方法，以学定教，因材施教，采取个性化、多样化的教育方式[①]。在行为规范教育中，个别化教育尤其适用于学生问题行为的矫正和良好习惯的培养。

学生行为规范的个别化教育的开展，需要教师从以下几个方面着手：全面地、历史地、辩证地了解和分析学生，这是开展个别化教育的前提；制定个别化教育的策略、步骤针对不同学生的特点，采取不同的路径和方法，用"一把钥匙开一把锁"，这是个别化教育的原则；尊重学生、关心学生、亲近学生，用温暖和爱打动学生，教师对学生的关爱和尊重是一种伟大的教育力量，这是个别化教育的基础；发挥任课

---

① 陈步君．个别化教育：彰显班主任的教育智慧［J］．思想理论教育，2013（4）：40－42.

教师和同伴的教育作用,个别化教育不等于教学上的一对一个别辅导;开展有针对性的集体教育活动;争取家长配合,形成教育合力。

案例:"小愤青"成长记

故事开始于一个初春的早晨——

那是前不久的一节班会课,在我准备带领同学们对祖国的复兴进行回顾之时,一个憨实却分明夹带着几分戏谑的声音第一时间将我的问题顶了回来:

"8000头死猪事件足够令世界震惊的了!"

"什么?!"

短暂的停顿后,教室里爆发出一阵错愕的笑声。

是他,小琛。只见他洋洋自得地看着我。

小琛可是班级的老支书,出了名的忠厚老实,近来却总是牢骚满腹,行为消极。上课常常打瞌睡,考试成绩不如实向家长汇报,又借跑步之名半夜与同学约定地点互"帮"作业,也因此丢了团支书之职……这孩子到底怎么了?俨然成了一个名副其实的"小愤青"。之前,我总是经验性地将其界定为偶然,或任其轻轻飘过,或单纯提醒、告诫,或者简单地电话沟通,希望家长关注。今天的事情是一次偶然,还是有其必然因素?这次意外,促使我对他的行为开始了全面地分析与思考。

理解是春天第一缕清风

他真正走进我的内心是六年级的一次"点亮小小心愿"活动。"我想做一名大慈善家,因为现在的社会并不完美,还有许多穷人,我想去帮助他们。"那一次小小心愿的表达让我惊愕而又感动——小小年龄,竟有如此悲悯之心;小小胸膛,竟然装着如此远大的抱负。

而他的下滑应该是从上学期期中开始的,一向优秀的他,连竞赛班也没能考进。看着他失意的神情,我于心不忍,特意找到年级主任为他争取了进入竞赛班的机会,而他的表现却依然不尽如人意。周五放学后,我和他进行了一次小小的交谈。我首先明确,理解他是一个有进取心的孩子,只是不解于他变得玩世不恭。我同时强调,希望听到他内心真实的想法,也希望他主动做一个让别人理解的孩子。

"老师,我们为什么要学这么多没用的知识。我不是不想学习,只是觉得学这些东西实在没用。我向往的是哈佛大学那样的教育,他们注重的是综合素质的培养,而不像我们更多的是进行单一的知识灌输。至于半夜偷偷出来帮他们做作业,我也是看同学作业做得太辛苦,觉得做那么多作业也没什么用……"

他的回答着实出乎我的意料,不仅因为他的真诚与率直,还有他对教育的理解,虽不成熟,但何尝不是自己思考过的?

一件件点滴事件的倾吐,也在清晰着一个答案,小琛一直都是一个正直善良、视野相对开阔又乐于思考的孩子。只是相对稚嫩的阅历与有限的积淀以及不成熟的思辨能力让他无法消化过度开放的社会信息,致使他对客观世界的认识与自我内心世界的愿景出现了较大的偏差,从而影响了自我价值观,形成了消极的成长态度。显而易见,对于小琛的教育重心应该落在帮助他开阔视野,引导他学会客观、全面地辨析、认识社会与他人,学习以积极的态度面对成长。

当然,获得问题分析与诊断的前提是"理解"。理解是生命间的彼此尊重,被尊重是每一个成长期孩子内心强烈的需求。对于小琛来说,更是因为一份对成长愿望的强烈尊重,才与客观世界碰撞出了更多的不和谐。理解使得我能够放低自己,耐下心来听一听他的心声,也使得小琛敢于向我述说自己内心的真实想法。对于这个春天的故事,理解如同一缕清风,扫却了师生间的障碍,使彼此敞开了心扉。于是,我初步为后面的教育实施进行了以下设计:双向倾听、打开心结——学会思考、主动成长——勇于担当、升华思想。

双向倾听,接纳不完美的你

两节课的闲聊,小琛心中的问题喷薄而出。我听得认真,小琛也讲得畅快。

"我只是希望教育部门能加些生命、生存与思想道德的科目,同学们没有在灾难中生存的知识与能力,遇到灾难如何自救?只知道死学知识,学习简单的演习疏散有什么用,跟玩似的?""善良的人越来越少,人们关注的只是学业、面子、职位与金钱,难道政府与教育局长不关心学生的善心吗?""中国人的生活就是这样,5—10岁被父母硬塞进学习班与辅导班,为以后的学习打基础,11—20岁为了中考、高考而努力不止,20—30为了找工作、找对象赚钱……70—80为自己的墓地而担忧,这些是我网上看来的,可是中国人的生活不就是这样吗?"……

讲述,是小琛梳理思想、释放心灵的过程,同时也使小琛获得了被尊重的体验。而倾听,恰恰是作为老师的我捕捉教育资源与反思教育的过程。我不断记录、梳理着小琛的问题,他的问题,是成长中的问题,也是在新的社会成长环境下家校教育的盲区。

第一次谈话后,我约来了小琛的父亲,对于前一次的倾听与他进行了充分的交流与商讨,并设计了与小琛的第二次倾听与交流。只是这一次我们以谈话的形式进行,我主要与小琛的父亲探讨了之前整理过的小琛一知半解的困惑。从中国、美国的人口、国情、教育,到人才状况,再到学科知识体系的建立与应用,父亲畅快地讲述着,儿子认真地倾听着,只是脸上隐隐地多了些骄傲的神气。就在父亲细致入微地讲解最好的防震是学好文化知识,生产出能够抵御各级灾害的建筑材料,再建造出能够抵抗各种灾害的建筑时,很多时日以来纠结在小琛脸上的疑云开始悄悄消散。也是在那一刻,我欣喜地意识到,我们对孩子的教育开始走上心育的轨道。

晚上7点多,我送走了这对父子,整理着谈话记录。突然,办公室的门被推开,探进了一个小脑袋。是小琛,他笑嘻嘻地跑了进来,送来了热气腾腾的蒸饺与牛奶,还叮嘱道:"老师快吃,太晚吃饭又会胃疼的。"孩子的这一次返回是对老师的关心,又何尝不是对自己成长的一次回望?

此后,我和小琛父亲随时在 QQ 上交流与孩子沟通的情况,了解到父亲与孩子继续着有关学习的意义以及学科知识体系构建的交流,而不是就学习问题谈学习问题的短视教育。我在学校教育中特意为学生增加了"午后讲坛"——《论语心得》与"每周一课"——青年讲坛"开讲啦"的学习内容。鲜活又富有深度的论坛是青春期孩子乐于接受的,换了一种教育形式,孩子们更愿意听,也更愿意跟着主讲人去思考。通过这些讲坛活动,学生的视野更宽了,思维也更有深度、更活跃了。

我们常常认为教育的目的是说教,是问题的解决,几次倾听使我对此有了新的认识。教育应从倾听开始,倾听是对孩子的接纳;想办法让孩子愿意倾听我们的声音,而不是被说教,也是孩子对于我们、对于教育的接纳。教育的目的也不应是问题的终结,而是问题的开启,是如何打开教育的渠道,进行教育的拓宽与延伸。

主动思考,学会自我调整

上周的语文课上,小琛因一时开小差而没能准确回答我的提问。放学后,就在我对他的思维能力进行分析之时,他一脸疑云地走了过来。

"老师,我不知道该听谁的了。"

我一时没听明白他的意思。

"对于一件事,有时候听听这种说法是对的,可是听听另一种声音也是有道理的……"他努力地解释着。

"知道吗?你遇到的这个矛盾,是李老师大学时才遇到的,你成熟得比老师当年要快多了。"看着他纠结的神情,我顺势引导。

"互联网、微信、影视等各种媒体在飞速地传播着各种信息,这时候每个人的内心便被无数的信息充斥着,很容易失掉自己的内心……"

我话未说完,他似乎领悟了我的意思:"老师,你说的是不是在拓展课上给我们讲过的《庄子》所阐释的做人要'内心有所坚守,外在要和谐'的问题?"

……

又是一个小时的闲聊，不同的是这次是小琛主动来找我，而且还有了小琛的好伙伴晓龙的加入。我们从小琛的困惑谈到晓龙的困惑，谈到同学们的困惑，在对同学们困惑的转述、请教、讨论中，他们脸上的神情越来越明朗。我们约定，小琛和晓龙正式担当班级的"心灵医生"，负责搜集同学们的疑惑，并负责为同学们解惑，解释不清楚的问题随时来向老师取经。我伺机鼓励他们主动涉猎更多的生活、书本内容，开阔自己的视野；鼓励他们主动思考，教他们如何分析、采择信息，希望他们能够从心灵与思想上获得滋养与启发。

担当中，获得自我升华

经过一个春天的努力，我们共同迎来了一个丰硕的盛夏。春日里那个青葱的"小愤青"渐渐淡出我们的视野，取而代之的是日渐开朗、热情的他，他重新生机勃勃地承担起班级工作。"让梦想起航，创业美食节活动"中，他积极地承担起宣传设计工作；班级体验作文版面中准时、精美的作文集更换，以及日渐稳定的成绩与逐渐踏实的学习态度无不见证着一个正直善良、胸怀大志、积极进取的小琛再次经历了一次成长的考验。正如他自己在学期总结中所说："这学期，我最大的收获是获得了自我成长态度的转变，我曾经认为很黑暗的社会清明了，我曾经觉得没有意义的生活有意思了，我从逆境中走了出来。"假期在即，一向鄙视课外辅导的他，意外地给自己安排了充实的假期学习任务，另外，他还信心满满地接受了开学初班级建设工作，并有志于重新准备参与新学期团支部书记的竞选。

一个意外的回答，串起的是对自己一年多的教育行为的回顾与反思，也再次促使我去思考，如何对待今天愈益开放的教育背景下的教育工作。今天的孩子面对着社会成长环境的开放与家庭教养中更多的呵护与封闭，在这样的背景下，学生会受到更多信息的冲击，而自身的成熟度与耐受力又相对脆弱，因此，孩子们内心世界与外在客观世界的和谐成为不可回避的成长问题。小琛的家庭教育方式相对民主、开放，小琛在性格上又略有些较真，面对青春期的来临，问题才不断爆发出来。

　　小琛的故事也促使我去思考，面对当今孩子们不断呈现的不可预期的变化，是想当然地进行预设性的教育，还是不以为然地将其作为偶然而轻轻飘过？抑或是持以第三种教育理解，即将其作为教育资源生成的常态，在这样一种常态中捕捉孩子们最真实的心灵状态。叶澜教授曾经说过，要用生命的动态生成观念来审视课堂教学，教育又何尝不是如此？生活中有许多生成性资源，教师应该开发和利用这些资源，形成对学生生命状态的理解、倾听、对话，而只有意识到这一点并用心去感受、去发现、去梳理，方能捕捉到孩子成长中的"未知点"与"生长区"，激活学生的生命状态。在这样的教育活动中，师生不仅仅是在教与学，不仅仅是在认识世界，他们的生命更是在向着无限的可能性开放。

　　在多方的互动倾听中，我们完成了对于学生内心世界的解读与引导，也获得了对于教育的更深层次的思考，即教育需要从关注学生的心灵世界开始，以给学生打开更广阔的生活世界为目标。

（作者：上海市闵行区莘松中学春申校区　李　伟）

　　陶行知先生说得好："运用朋友的关系，彼此自由交换学识，要比摆架子好得多，你要了解学生的问题，体谅学生的困难，处处都显示出你愿意帮助学生求学而没有一丝一毫的不耐烦。"上述案例中，老师彻底放下架子，像朋友一样耐下心来倾听孩子的心声，在倾听中解读孩子的内心世界，用心捕捉孩子成长中的"未知点"与"生长区"，从而引导孩子客观、全面、正确地辨析、认识他人与社会。这个个别化教育案例，给了我们这样一个启发：教育者不仅需要把眼光落在孩子的表面行为上，更要将那些浮在眼前的东西沉淀下来思考，了解孩子的思想动机，尤其是对于精神世界日益丰富的中学生来说，走进他们的内心世界才能实施有说服力的教育。

案例：蝶变

一、"扎人"的毛毛虫

"孙老师，你在很多事情上没有权力。因为你是班主任，所以我一直不敢对你说。比如说：不让我挑选点心；让我把东西赔给别人；让我打扫教室……

没权力不让我挑选点心是因为：点心是我们自己出钱买的，而不是你孙老师给我们买的，所以你没权力不让我挑点心。

没权力让我赔东西的原因是：我弄坏或弄掉的是别人的东西，又不是你孙老师的东西，你有什么资格叫我赔！

你更没权力让我打扫教室，因为我是一名学生，我来学校是学知识的，又不是来做清洁工的，你凭什么让我干！

请你牢牢记住，你只是一个语文老师。"

……

一口气看完了这篇文章，我脸色铁青，从教十多年，还从没一个学生敢这样跟我说话，简直岂有此理！同办公室的老师看了也十分愤慨：现在的学生越来越不像话了，在他们眼里根本就没有老师……同事们的议论更让我憋气，恨不能立刻就去教室把他"抓"来，好好地"理论"一番。

摊在我面前的这本日记本又不得不让我想起了几天前的事。

镜头一：

那天下午，小A在拿点心的时候再一次插队冲到别的同学前面先拿，还这个点心捏捏，那个点心掂掂，挑三拣四，这下引起了公愤。于是，我勒令他以后排最后一个，最后一个拿。他斜着眼睛、歪着头看着我，一脸的气愤。

镜头二：

下课的时候，小A抢了小胡的毽子玩，还把毽子踢下了楼，之后这个毽子再没找到，小胡当然要求他赔，他一开始答应，可拖了几天也不兑现。小胡没办法，又找到了我。我要求小A赔，他口头是答应了，但是一拖再拖，就是不赔。

镜头三：

周四放学后，一个劳动组长气呼呼地跑来汇报说，小 A 几乎每次都不认真打扫，他们不得不给他安排了扔垃圾的工作，可就这么一份简单的工作，他也不愿意做，今天居然又溜走了……

镜头四：

面对小 A 的种种"劣迹"，我忍无可忍，终于找来了其家长，希望借助家长的力量，更好地改变小 A 目前的这种状况。谁曾料，意想不到的一幕又令我震惊：面对母亲的说教，小 A 非但毫无惧怕感，反而以盖过母亲声音的高分贝对母亲大吼大叫，而其母亲居然面不改色，也毫无愤怒的表现……

班会课进行中……

下午的班会课上，我把这篇日记做成了幻灯片。立刻，教室里引起了一场轩然大波，同学们议论纷纷，猜测这个胆大包天的家伙到底是谁。我示意他们安静下来，并请他们发表一下自己的看法。

"他的这种语气对老师太不尊重了！"

"他的眼睛里没有老师！"

……

显然学生们在为我打抱不平，此时，坐在前排的小 A 翻着白眼，嘟囔了一句："哼！马屁精！"

这三个很显而易见的是非问题同学们说得头头是道，分析得也很透彻。对于一般的孩子，利用集体的舆论进行教育，是非常有用的。而这一招，对小 A，也是没用的。至此，我突然发现自己对小 A 的个性形成及小 A 的问题的分析不够透彻，这不仅又让我陷入了沉思……

我决心要让这个"刺头"心服口服。

二、"托起"毛毛虫

从一年级接班到现在，小 A 便是我的"心头之痛"，每天都给班级的教育工作撒点"调味品"。低年级时，小 A 虽然调皮，但还服我的"管教"，随着年龄的增长，"刺头"越来越厉害了，发展到敢公然"挑衅"我作为班主任的教育权威。怎样才能帮助他改掉坏习惯，让他健康地成长呢？我开始更细心地对他进行观察。

面对种种迹象，我发现，小 A 以自我为中心，缺乏同情心，行为残忍，抗挫能力差，不善于人际交往，对长辈不够尊重，自私……

经过请教马兰霞老师，我确定地认为这些都是由于他缺乏移情能力而造成的后果。何谓移情呢？它是一种心理品质，指人能设身处地地站在别人的角度，理解和欣赏别人的感情。小 A 是个在 6 个大人的轮流"服侍"下长大的孩子。应该说，现在的孩子都是在大人的宠爱下长大的，然而，小 A 的家长特别地溺爱，小 A 在家庭中的地位高人一等，处处受到特殊照顾，当小 A 跟别的孩子发生矛盾时，家长一定先找别人的不对；当他在家犯错误时，家长也用过度的溺爱去包容他的错误，总认为孩子还小，不用去批评他……这样的孩子自感特殊，习惯于高人一等，在他的意识里，从来就不需要为家人或者别人付出什么，在他的脑海里，也只有权利，没有义务。这样的家庭，这样的家庭教育，必然使小 A 变得自私，没有同情心，不会关心他人，更不会换位思考，因为他从来不需要移情，从来不会将心比心，他的家长也从来不需要，所以，他的移情能力特别差。

导师马兰霞老师还告诉我："这个孩子已经有了维权的意识，但是，只是片面的维权意识，他把权利和义务隔离开了……"马老师的一番话给了我很大的启发，对于这样的孩子，仅仅靠说教是不起作用的，应该让他亲身去体验，体验到自己不仅有权利，还必须有义务，让他明白只有履行了义务，才能够享受权利。

三、蜕变之法

1. 以其人之道，还治其人之身

又一个午会课，我宣布了一个惊人的决定："从今天起，小 A 不用再参加任何班级劳动了。"同学们一个个瞪大了眼,一脸疑惑地看着我,而我,没做任何解释,继续当天的教育内容。很快下课了,小 A 像往常一样,又打算把上课时擦的鼻涕纸扔进教室的垃圾桶,我很快叫住他:"咦?你怎么有权利把垃圾扔在这里呢?第一,你不打扫教室,更不倒垃圾的。第二,这些垃圾袋是其他同学从家里带来的,所以你没权利扔垃圾。请你以后自备一个垃圾桶放在自己的座位旁边,并自己负责清理。"同学们这下恍然大悟。刚才还神气活现的他此时像泄了气的皮球,不得不把餐巾纸又塞回自己的课桌里。当然,趁我不注意他还是偷偷扔了。

又隔了一天,他和小沈为了一件小事爆发了一场"战争",在"战斗"中他的眼镜盒被踩坏了。他跑到办公室,一边哭一边向我诉说这件事情。我平静地看了他一眼,说:"哎呀!这可为难老师了,沈××弄坏的是你的眼镜盒,又不是我的,而我,只是一个语文老师,我怎么有权力要求他赔呢?"这下他语塞……

我又找到各位任课老师,交流了小 A 的情况,并告诉他们我的教育策略,请他们积极配合我。

接下来的一段时间里,只要是小 A 在学校里产生了任何矛盾,我都用他的逻辑、他的思维方式、他的处理方法给"挡"了回去,他开始坐立不安了……

2. 因材施教,循循善诱

常言道:"一把钥匙开一把锁。"每位学生的实际情况是不同的,必然要求班主任深入了解,弄清学生的行为、习惯、爱好及其落后的原因,从而确定行之有效的对策,因材施教,因人而异,正确引导。

一天中午,小胡兴冲冲地跑来跟我说:"小 A 终于良心发现了,把毽子赔给我了。"下午吃点心的时候,小 A 老老实实地排队,吃完后居然还当着我的面主动拿着垃圾袋回收包装纸,并去楼下扔了。"小 A,你今天真棒,像个男子汉了,能主动承担起自己的义务,那么就有资格享受权利。"

事后我帮助他处理好了眼镜盒的事件,整个过程他十分配合。之后的时间里,虽然他还会时不时地制造一些麻烦,但总的来说比以前好多了。于是,我乘胜追击,继续"对症下药",逐一改变他身上的陋习。

3. 家校合力,教育引导

家校教育的一致与否,将直接影响对学生的教育成败。于是,我及时与他的爸爸妈妈、爷爷奶奶进行沟通,将孩子身上的问题摆在他们面前,让他们意识到孩子移情能力的缺失,建议他们一方面不要太溺爱他,另一方面正确引导他学会感恩,学会体会别人的感受。同时,将我在学校对他的教育告知家长,并让家长看到孩子明显的变化,从而积极配合和支持我在学校对他的教育,让小 A 在春雨的滋润下茁壮成长。

四、化蝶

几个月来,小 A 与同学吵架的事情越来越少,其他老师对他的看法也越来越好,同学们不再孤立他,有好吃的叫他一起吃,好玩的叫他一起玩。他基本上能遵守学校的各项纪律,尊敬师长,团结同学,集体荣誉感增强,遇事喜欢找我商量。受我影响,课余时间他也不再闲逛、打闹,而是养成了看书的好习惯,并毛遂自荐帮忙管理班级的图书角。终于,这个顽固的"刺头"被拔除了,"扎人"的毛毛虫慢慢蜕变成让人喜爱的蝴蝶。

五、且行且思

小 A 的成长和蜕变使我感触良多,对于这样一个处于十字路口的孩子,更需要耐心地引导,更需要一颗宽容的心。面对成长中犯错误的孩子,我们总是显得很急躁,总希望能够立竿见影,甚至一劳永逸,然而,教育是缓慢而长久的,是需要等待和坚持的。顶着"坏孩子"的帽子,我不知这样的童年该是怎样的色调? 孩子纯净的心灵一旦蒙上了乌云,他还能看见绚丽的世界吗? 期待是一种力量,穿过一些急功近利的篱笆,我们更能走进一片春暖花开的胜地。从小 A 的身上我也认识到了,教育是一门爱与智慧共生的艺术。这种爱不仅仅是喜欢,一个老师喜欢学生并不难，尤其是喜欢那些成绩好、懂事听话的学生，难的是喜欢所有的学生，尤其是真正用心去爱那些成绩不大理想、调皮甚至成心捣蛋的学生。教师的爱应是众生平等的。爱是一把心门的钥匙，我们常说要"春风化雨，润物无声"，对孩子们来说，读懂他们，走进他们的内心，了解他们的成长需要，让他们真正从内心深处感化和触动，这才是真正的教育，这才是教育对爱的最佳诠释。我们只有把批评转化为亲和的魅力之帆，才能使孩子们在人生的航程里不断调正方向，在阳光灿烂的日子里快乐地成长。同时，育人也需要讲究方法，批评、说教、规劝都是空洞而无力的。教师应练就一双慧眼，善于寻找孩子的"病根"，及时把握转变的契机，这些润物无声的育人经典都在启迪着我们——教育有时需要的是一份不动声色的智慧，而智慧只需换另一个角度。实践证明，在对待个别"刺头"同学的问题上，我们找准"病根"就能从根源上转化其思想意识。花园里花朵万紫千红，每朵都不同，独特才能彰显个性，独特才能使教育更有生命力。

（作者：上海市闵行区鹤北小学　孙彩霞）

康德指出："教育中最重大的问题之一是，人们怎样才能把服从于法则的强制和运用自由的能力结合起来。因为强制是必需的。我怎么才能用强制培养出自由来呢？我应该让儿童习惯于忍受对其自由所施加的强制，并应同时指导他去良好地运用其自由。"[①]上述案例中学生小 A 的表现，正是不能把服从于法则的强制和运用自由的能力相结合的体现，而孙老师意识到这一点并智慧应对，"以其人之道，还治其人之身"的方法也是对这个"教育中最重大的问题之一"的有益探索，体现了"公共教育不仅在技能培养方面，而且能在造就一个公民的品格方面"都有着明显的优势，它使得"人们在此学会衡量自己的能力，学会通过别人的权利认识自己行

① 伊曼努尔·康德. 论教育学［M］. 赵鹏，何兆武，译. 上海：上海人民出版社，2005：13.

为的限制"①,这值得我们思索和借鉴。

总之,从上述两个案例可以看出,个别化教育给了我们一个视角,让我们正确看待每个孩子成长过程中可能出现的不良行为习惯,并以教育者的身份来引导孩子改正错误、弥补不足,以更好地促进每个孩子主动健康地发展。

---

① 伊曼努尔·康德. 论教育学[M]. 赵鹏,何兆武,译. 上海:上海人民出版社,2005:13.

第四章 行为规范教育的途径

德育途径是指实施德育影响的组织形式。一般说来,德育途径包括思想品德(政治)课及其他各科教学、班级德育工作、课外活动和校外活动、劳动与社会实践、共青团、少先队、学生会工作等[①]。

行为规范教育是一个系统工程,其整体效益取决于各种途径独特功能的发挥与整合。因此,在实施途径上,应强调综合融通、资源整合、多途并举,全员、全程、全方位育人,全面考虑学校对学生行为规范养成影响的各种要素,与课堂教学、特色课程、学生活动等相结合,注重日常性和实践性;整合学校、家庭、社会资源和力量,形成教育合作关系;与社会主义核心价值观教育、中华优秀传统文化教育、生涯发展教育等相结合,让行为规范教育成为各项教育活动中的应有之义。在本章中,我们将结合实践案例对如何发挥各种途径的行为规范教育效能进行深入探讨。

一、系统实施

系统实施是指教育方式、方法与各种途径按照一定的计划执行,各途径、方法之间呈现协同关联,体现年级年段的重点难点,教育资源上则能够统整家庭、学校、社会的力量。系统实施的前提条件是整体规划和设计,保证学校行为规范教育工作的常态化、系列化,避免随意、零散,以提高教育实效。

学校行为规范教育系统实施的基础是良好的组织管理,即能做到机构健全、定岗定职、职责明确,有计划、有评估、有反馈,将行为规范教育管理与教学管理有机整合,形成家校社协作网络。其次体现为合理的制度建设,即要求对行为规范教育的定位准确、理念科学,并将其纳入培养目标,作为学校整体教育发展规划的重要内容或主要特色,有行为规范教育、训练、监测和评价的相应制度和文本规范,内容适切,具有可操作性。此外,还应注重环境氛围的营造,做到校园环境安全、整洁,具有文化内涵;教室显现班级特色,发挥育人效应;师生、生生关系融洽,群体形象文明健康,精神面貌积极向上。

---

① 欧阳林,何昭红. 面向 21 世纪学校德育途径初探[J]. 高教论坛,1999(4):20 - 23.

案例：基于"成长教育"理念的学校行为规范教育整体设计

我校以把学生培养成为"身心健康、品行良好、气质高雅、乐于学习、视野开阔、发展多元、能适应社会发展要求"的优良初中毕业生为出发点,对学校德育工作进行系统梳理与整合,形成了学校落实行为规范教育的有效途径。

一、科学规划行为规范教育的载体、内容与评价等要素

我校目前的德育课程主要有六大板块,它们是德育方方面面工作的整合,有市、区级的要求,如两纲教育、温馨教室创建等,也有基于学校自身发展而形成的一些工作。而行为规范教育贯穿于各个板块中,形成一条学校落实行为规范教育的主要途径。经过一段时间的实践,我们对学校在德育课程实施中落实行为规范教育的内容、载体、展示与评价等主要要素进行了整合。如下表：

德育课程 板块	课程实施 主要内容	课程实施中行为规范 教育主要载体和内容	展示与评价
一、依托"温馨教室"创建形成班级建设、学生行为规范养成课程	1. 周："流动红旗"评比； 2. 月："五星班级"评比； 3. 学期："示范班"评选； 4. 阶段：学校、年级行为规范要求、行为规范榜样的评比。	1. 班级："一承诺、一特色"班级建设项目； 2. 班主任：行为规范教育"一人一个小课题"的实践与研究； 3. 学校："诚信考场"等系列活动。	1. 学生"校园之星"评选和表彰； 2. 班级："行为规范示范班"、"文化特色班"的评选和展示； 3. 教师：优秀班主任的评比和表彰。
二、依托德育专题教育时间,建成校班会课、德育专题教育、仪式教育课程	1. 每天：午间广播 2. 每周：校、班会课 3. 阶段：升旗仪式、各年级重要的仪式教育	1. "成长的故事"收集和赏析系列活动； 2. "成长的话题"讨论与实践系列活动； 3. "成长的足迹"班会展示系列活动。	1. 广播、视频转播和赏析优秀故事； 2. 升旗仪式上展示"身边的榜样"活动； 3. 编辑优秀故事、班会教案、成功经验等成为校本教材。
三、依托德育阶段工作内容,建成校内德育主题活动和实践课程	"3+3+3"德育主题活动课程： 1. 三个主题活动月 2. 三个主题活动周 3. 三个主题活动日	1. 活动前形成班级、年级的行为规范要求,并制定细则； 2. 特色活动有行为规范培训,了解一些特殊的礼仪规范要求(如欣赏京剧、接待外宾等)。	1. 展示：年级交流"我们制定的行为规则"； 2. 评比：年级评选活动中涌现的优胜班级； 3. 班主任：撰写相关的案例和论文,推广优秀的经验。

德育课程板块	课程实施主要内容	课程实施中行为规范教育主要载体和内容	展示与评价
四、依托学生社会实践活动，建成校外社会实践与考察课程	在"五个一"的课程实施中整合课程要求与行为规范教育要求： 1. 有一个考察项目指导组：年级学科老师担任指导老师； 2. 有一个考察项目指南：指南由项目指导老师制定，并在课堂中指导学生完成考察方案的制定； 3. 有一个外出考察注意事项的细则：班级师生共同讨论制定班级外出活动行为规范要求和注意事项，并形成年级考察活动行为规范细则； 4. 有一个重点考察项目活动：雏鹰小队合作完成考察活动中的一个重点项目，有分工负责的内容，开展雏鹰争章活动； 5. 有一次考察活动总结表彰大会：年级组组内利用升旗仪式或学生大会进行一次实践活动主题展示和总结大会。		
五、依托校内外德育资源，建立校本德育特色课程	1. "培育积极心理，争做乐观少年"心理健康教育课程； 2. 以STS校本课程为突破口，建设综合课程； 3. 依托拓展课和学生社团构建艺体情趣课程建设。	1. 了解各年龄阶段健康心理素养的基本知识，了解各种行为的心理原理； 2. 在艺体活动中陶冶性情，了解各种文化与规范的内容。	在具体课程实施中落实行为规范要求。
六、班主任培训、家长指导课程，不断提升德育课程建设者的素养	1. 班主任校本系列培训； 2. 家长学校系列活动； 3. "牵手共成长"帮教助学活动。	1. 班主任："一承诺、一特色"班级行为规范和文化建设的小课题管理与实践； 2. 家长："家长素养、家庭规范与孩子健康成长"系列讲座、研讨。	1. 班主任：阶段德育研讨会和评优； 2. 家长开放日、家长会、家长来校为学生上课、家家互动等活动。

二、落实分年级行为规范教育目标，体现层次性、针对性

在实践中，我们发现每一个德育课程中的行为规范教育活动在纵向上有总体要求，易于操作和落实，但是在各年段学生掌握和实践行为规范要求上的层次性体现不够，这样容易造成不同年级在行为规范目标达成度上无法进行科学合理的评价，从而影响班级建设的积极性。因此，我们在一些课程实施中加入分年级的行为规范达成目标和要求，从而更好地指导年级组、班主任来做好行为规范教育，并提高实效。

比如，在社会实践考察课程的实施中，由于每个年级学生所去的考察地点不同,考察要求也有区别,因此学校的统一行为规范教育不能涵盖全部内容。这样,我们就通过"成长的话题"班会课这一平台组织学生讨论,指导班级形成行为规范细则,最后再由年级组长统筹形成各年级社会考察行为规范细则。实践中,我们欣喜地看到学生和老师们的考察主动性加强了,由于行为规范细则是由学生自行讨论产生,因此学生对外出活动的要求在理解和接受上也更深刻和自愿。实践证明,由班级讨论、分年级制定和落实行为规范细则的操作确实更具有行为规范教育的针对性和有效性。

各年级社会考察行为规范细则

年级	外出地点	部分行为规范细则
六年级	钱学森图书馆和长风公园	1. 出游前准备:关于衣服、零花钱等共5条。 2. 出游时: ● 我们要怎样坐车?(2条) ● 我们在活动时怎么做?(6条)除基本规范外,还提出参观图书馆的规范,如:在图书馆参观时务必要保持安静,不吵闹;在图书馆内不能吃东西和喝水等。 ● 活动结束后:完成考察报告的要求2条。
七年级	上海禁毒馆和野生动物园	共有10个方面15条细则,除了一些基本规范外,还注重了学生社会规范的教育,如为建设环境友好城市尽力,爱惜动植物,不伤害动物;有意外情况及时联系老师,或向景点管理部门求助等。
八年级	南京	共有11条行为规范细则,除了一些基本行为规范外,还提出了一些与考察地相关的特别要求,如到达纪念馆等一些肃穆的地点,请保持安静,认真参观,尊重逝者;到达参观地,遵从景点管理秩序,意外情况及时报告老师等。
九年级	南阳模范中学	共有10条细则,除基本要求外,还提出了一些交往礼仪规范,如遇见他校学生和老师要微笑打招呼,有礼貌;遵守参观学校的制度规范;参观时轻声交谈,不影响参观校的正常教学秩序等。

三、以系列专项活动推进行为规范教育,重视引导与实践

在我校德育课程内容中以"成长的故事"、"成长的话题"、"成长的足迹"为三部曲的校班会课程坚持实施几年来,一直深受学生欢迎。在这个校会课系列活动中,"成长的故事"以主题故事的征集、赏析为主,"成长的话题"以校园生活中的问题讨论和辨析为主,"成长的足迹"以展示班级阶段建设成果为主。每一

部分内容都是根据当年学校德育主题和年级分主题整合来展开,目前已完成习惯篇、坚持篇、责任篇的课程内容。其中"成长的话题"这一栏目,包容度很大,课程内容比较灵活,因此在对学生进行行为规范教育和引导的过程中体现了极大的优势。

比如在"成长的话题"系列讨论活动中,讨论主题主要是行为规范方面的,我们也将此活动作为一个引导学生明是非、辨美丑的平台。它在操作上最大的特点是灵活性和针对性强,在成效上的特点是将行为规范教育寓于无痕之间。整个讨论活动注重引导学生自己梳理班级中存在的行为规范问题、分析问题形成的原因、提出解决问题的办法,这一活动不仅充分尊重学生在校园生活中的主体地位,还着重凸显学生在行为规范养成方面自我管理和自我教育的主动意识,对班级集体荣誉感的培养、集体正确舆论的建立、学生个人行为规范的养成和矫正能力的增强等方面都有一定程度的推进作用。校园生活的主人是学生,当我们用合适的方式引导学生去思考、去判断时,相信他们在行为上会做出更自觉的调整和更合理的选择。我们始终相信每一个孩子都爱学校,并愿意在校园生活中"做最好的自己"。

四、依托班主任校本培训和家长学校课程,提高教育者行为规范指导和示范能力

在近几年家庭教育课程的实施中,我们发现,有些家长忽视孩子行为规范的养成,存在送孩子上学时不遵守交通法规、在家脾气暴躁打骂孩子、漠视孩子的合理需求等情况。家长对自身行为"无所谓"的姿态导致了一些孩子在校行为散漫,行为规范自觉意识比较差,个别学生还出现了比较严重的行为偏差。而班主任作为学生成长中"重要的他人",在行为规范上所起到的示范作用是十分重要的。鉴于此,学校坚持进行班主任校本培训和家庭教育指导课程,着力提高教育者的良好规范意识和行为,为孩子们做好示范。

在班主任系列培训中,学校确立了家庭教育主题教育指导、行为规范教育小课题研究、心理辅导基本常识与技能辅导等主题。在活动上,学校开设年级行为规范教育的阶段讨论会,整合年级力量解决实际问题;开设"学习与分享"每月德育小论坛活动,鼓励同伴间"好办法"的交流;开设"爱与责任"每学期德育研讨会,进行"好经验"的分享等。在这些培训课程中,我们将教师的文明礼仪规范、教育教学行为规范等融于其中,注重建设一支同伴和谐互助、追求共同进步的学习型团队。

在家庭教育指导课程中,我们除了通过个别辅导进行纠偏之外,也开展了形式多样的指导活动。目前,我们基本形成了各年级"家长成长课堂的课程指南",其中包含了家长和班主任进行各项行为规范教育和指导的内容,如六年级"习惯的养成——习惯篇"中"指导家长帮助孩子培养良好的生活和学习习惯",七年级"生命的历练——心理篇"中"青春期心理疏导、情绪管理调节、人际交往系列指导",八年级"文化的感悟——亲情篇"中"如何做孩子的好朋友,共同建设幸福家庭",九年级"理想的放飞——信心篇"中"如何帮助孩子树立目标和自信心"等。学校通过开设"家长成长课堂"和"家长效能班"培训课程等,邀请家庭教育专家、心理专家、优秀班主任、优秀家长代表为家长们开讲座进行培训,分享家庭教育的有效方法;以"家长开放日"的方式邀请家长和孩子来校一起上课,感受孩子的学习情况;请家长来校为学生上"爱工作、爱生活"的兴趣微型课,引导家长在生活和学习上与孩子保持更亲密的关系;通过班主任推荐家庭教育成功案例、家庭教育优秀书籍等形式潜移默化地引导家长重视"言传身教"在孩子成长中的重要作用。

(作者:上海市实验学校西校　张美琴)

案例:构建"七横七纵"行为规范养成教育长效机制

近几年的实践探索中,我们不断整合、优化、发展原有的育人资源与平台,逐步构建起了"基于理解的零距离德育"模式下"七横七纵"行为规范养成教育长效机制。交大二附中的"基于理解的零距离德育"模式,是指在"德育是美德体验"的育人理念引领下,追求德育目标、内容、形式不断贴近德育主体(学生),承认并尊重学生的主体地位和主体人格,充分发挥学生的主动性和创造性,促使学生积极地认知、体验与践行,实现德育效果最大化的德育模式。在这样的德育过程中,我们的德育主体(学生)通过情感认同、价值认同、目标认同,自主进入蕴涵美德的社会现象中,在体验美德现象的同时,使自己成为德育的主体去反思、建构美德知识,从而达到行为认同并实施美德行为(即良好的行为规范),在潜移默化中成长成才。

七横:指初高中七个分年级行为规范养成目标的横向常态化落实过程。

七纵:指在七个年级纵向贯通实施的行为规范教育七种主要载体。

第一纵:以课程建设为载体,实现行为规范教育内容与学生零距离

良好的行为规范,需要合理的课程设置依托,我们坚持"人人是德育工作者"的宗旨,大力改革原有的课程体系,构建多元的课程体系,发挥各类课程的育人功能,以达到学生行为规范落实的最优化,让学生在不同的课程中感受德育教育。主要包括:

(1) 行为规范养成校本课程:我校根据学生的实际情况,围绕两纲教育制定了行为规范教育校本教材,主要包括徐吟老师主持的"社交礼仪"教育校本课程、学生处主导的"军政训练"校本课程、李佳慧老师开设的"心理健康教育"校本课程,以及国旗下教育系列课程、校会、班会主题教育课程等,使得行为规范教育内容依托课程实施,最大限度地贴近学生实际需求,实现不断完善学生行为规范的目的。

(2) 校园节日课程:依托我校"六大节日"(读书节、科技节、艺术节、体育节、感恩节、社团节)、"四大仪式"(十四岁生日、十八岁成人仪式、开学典礼、毕业典礼)等,通过重大节日与仪式活动的课程化设置,把外在规范"内化"为学生的自觉人格。

（3）社会实践课程：社会考察、志愿者服务、校社联动、军训、学工学农等课程，不仅丰富了学生的知识结构，而且在培育学生民族精神和爱国情怀的过程中，不断促进良好行为规范的养成。

（4）学科教学中的养成教育渗透：各教研组根据学科特点，制订了各科的学习规范与作业要求，进行较为系统完整的学习规范的引导，并通过言传身教，结合教学内容有机整合行为规范内容，进行有效指导。

第二纵：建立学生自主管理机制，实现生生间自主教育零距离

规范的落实，还在于学生自主管理能力的增强。因此，我们一直着力培养学生的自觉意识，完善学生自主管理机制，实现学生行为规范的自我教育。

（1）建立校园日常行为规范管理机制：值周班制度。我校一直坚持实施以学生值周为主的值周班制度，以班级轮流值周的形式保证全校每一名学生都能参与到值周工作中来。值周工作内容丰富，涉及门岗礼仪示范、卫生常规检查、课间行为规范巡检、两操规范检查、自行车停放管理等，在学生进行自主管理的过程中，不断强化行为规范的自我再教育。而由团委、大队部、学生会干部组成的学生自主管理会，在负责日常行为规范抽查的基础上同时负责值周班同学的工作考核，并于每周一升旗仪式上及时通报上周值周汇总情况，每月对所有检查进行量化分评比，评出当月的"文明班级"，并颁发流动红旗。由于日常行为规范管理完全基于学生的自主化实施，同伴教育的正向迁移作用非常明显。

（2）建立行为规范养成教育班级、年级、学校三级即时反馈机制：校园听证制度。（具体见第四纵）

第三纵：实施德育导师制，实现生师间沟通形式的零距离

为了进一步提升行为规范教育的实效性，我校大力推行德育导师制。这是指在"理解合作，同边发展"的教育理念指导下，将学校班级德育的诸多目标、任务分解到担任"导师"的任课教师身上，由导师对学生进行"思想引导、学业辅导、生活指导、心理疏导"。

在德育导师制推行前，我们先行开展了一系列师德建设工作，如邀请于漪、刘京海等教育专家来我校作专题报告。开展"我心目中的好老师"和"交大二附中校园十大感动人物"的评选，让优秀教师对师生起到垂范的作用。随后召开学生动员大会，专门设计问卷调查，了解学生当前的困惑与实际需求，并制定了受导学生档案、家访联络、谈心交流、特殊案例会诊等一系列制度，使得德育导师制一经推出，便受到了学生的普遍欢迎。随着德育导师与学生的正式结对，师生的交流突破了时间、场地、方式的限制，课前课后、校内校外、电话短信、网络对话，每周的促膝谈心，每月的家访电访……地理老师、历史老师、美术老师、体育老师，那些以往徘徊在德育工作边缘的学科老师，有了更充分地接近学生的理由，在成为学生贴心朋友同时，又扮演着学生成长引路人的角色。德育导师制的实施取得了很大的成效，师生关系更加融洽，因行为偏差而造成的违纪行为显著减少，近年来行为规范违纪数量明显下降，表示喜欢并愿意继续接受导师帮助的学生达 95％。和谐温馨的零距离师生关系的构建，在促进全员德育深入开展的同时，为学生行为规范养成教育装配了动力十足的引擎。

第四纵：实施校园听证制度，实现生校间管理主体的零距离

为实践以学生为主体的体验式德育理念，不断优化并实现以学生自我教育为前提的学生日常行为规范，交大二附中开始实施校园听证制度。关于校园听证制度的具体内容和实施情况，本书还将做进一步阐述，在此不再赘述。

校园听证制度的实施，有力保障了学校管理中的学生参与权，它不仅是促进行为规范教育实现内化的重要载体，也是通过不断改进学生行为规范准则从而不断提升学生行为规范水平的重要形式，更是培养学生成为具有规则意识、民主意识的现代公民的重要渠道。孙强校长在闵行区第五届、第六届德育论坛上，代表学校就校园听证实践对"行为规范养成的积极意义"、学生现代公民意识培养"做专题发言。"校园听证制度实践"获得闵行区中小学德育优秀项目奖。

第五纵：以德育（养成教育）科研为抓手，实现研究内容与研究形式的零距离

我校德育科研行为规范养成工作卓有成效。有理念引领：校德育骨干团队编纂《基于理解的零距离德育实践模式》一书，并由上海交通大学出版社于2014年11月出版；有方法探索：如孙强校长主持的区级课题"构建基于理解的零距离德育课程群"等；更有众多教师的经验总结：如钱坤老师的"德育学分制促初中起始年级学生习惯养成的实践与研究"、郑丽萍老师的"基于'情理'的深度家校合作研究"等。目前还有2017年度市级课题"构建信息化校本德育评价长效机制的实践研究"，区级重点课题子项目"建设校园听证校本课程，培养初中学生规则意识"，区级小课题"发掘家委会力量，提升家校合力的实践研究"、"科学实验特色班级的建立"等正在研究中。近三年来，我校有100多人次在区级以上刊物发表研究文章。持续不断的德育科研，不断提升、丰富着行为规范教育的品质与内涵。

第六纵：依托与利用社会资源，实现社会与家校资源整合的零距离

有效整合社会各种德育资源，形成德育合力，对于受环境影响明显的行为规范教育成果的巩固是极其重要的。

几年来，由交大副校长印杰教授挂帅组成讲师团，交大优秀学生辅导员进班结对具体指导，学生接受着成功者各种丰富而厚重的人生经验，不断体悟着"成功源自细节"的人生准则，使得自己的奋斗目标分解为各种具体的实践行为，在学习生活中，不断表现出积极向上的追求和日益优雅的行为与气质。

随着现代信息技术的发展，我校开始利用MSG家校通平台、魔灯平台，开设家长论坛，不断提升家长育人理念，丰富育人手段，在不断实现着家校间信息沟通零距离的同时,使得学生在家与在校的行为规范表现愈趋一致。

我们还和江川路街道、华坪路派出所、沧二居委会建立共建单位。我们借助他们的力量,做好学生的思想工作,组织学生参加文明服务岗活动,参加居委的卫生环境宣传周活动,组建学雷锋小组,定期组织慰问孤寡老人、军人的活动等。社区活动为学生的社会实践提供了场所,交大二附中学生优异的行为表现也为学校赢得了良好的声誉。

第七纵:以多元评价为保障,实现评价机制与学生的零距离

学校注重学生多元评价,坚持多层面、多角度科学考量学生行为规范表现,奖励先进,激励后进。

(1)建立行为规范评价机制。把考核与争创活动结合起来,利用值周制度,在校内建立班级日常行为规范月考核,为表现突出的班级颁发流动红旗。在此基础上评出每月之星,认真搞好优秀学生及优秀班级的评价方案,表彰在行为规范中表现突出的班级和个人。学校和社会实践基地结合具体的活动要求对学生的行为规范进行反馈和评价,班主任、任课老师利用《学生成长手册》定期做好记录和评价,并做好与家长的交流与反馈。

(2)建立行为规范即时矫正机制。学校针对学生行为规范违纪情况所呈现的违纪性质轻、违纪频率快的特点,制定了《交大二附中学生处分条例》、《交大二附中违纪通知单核发规定》等制度,按学生违纪性质轻重,实施班级、年级、学校分层即时处理的办法,通过违纪单告知的形式,使得违纪同学在违纪之初就受到必要的警示,对学生良好行为的养成起到很好的矫正作用。

(作者:上海交通大学附属第二中学 孙 强)

什么样的校园是师生留恋的校园?这个校园一定是讲规范、有文化的校园。实验西校和交大二附中行为规范教育整体架构、系统实施的经验值得借鉴。当然,行为规范教育的系统化实施对于学校组织管理者也提出了较高的要求,需要组织者有全局视野和系统思考能力,能够站在一定高度上综合、融通谋划,并能让相关资源、人员相互协调和配合。

▼ 二、校本课程

德育课程是教育者按照一定的社会要求,有目的、有计划、有组织地运用整体性的德育内容,组织教育者和受教育者双主体互动,培养受教育者完整德性的教育载体。[①] 目前,各个学校课程门类繁多、内容丰富,除了在统一的国家课程、地方课程、拓展性研究型课程中实施行为规范教育,许多学校还开设了基于学情、校情的德育校本课程。这些校本课程不仅是德育目标内容的知识体系,同时还是学校德育实践活动体系,是学校行为规范教育的有效渠道。

以下两个案例中,梅陇中学是以"课程群"的形式进行校本化的德育课程整体设计和思考,交大二附中的"校园听证制"则是以校本德育特色课程的形式进行重点突破。

案例: 在课程群中浸润养成

学校构建德育课程群,根据不同年龄段的认知程度和心理特征,将养成教育不同层次地渗透到课程的方方面面。

一、显性核心:"正面成长"——每周 1 课时的养成体验

40 分钟有限的课堂是生活的写照,学生通过情景模拟、互动讨论,在活动体验中规范自己的行为,在规范中提升自己的道德。整个课程分八个构念,分别在六、七、八年级分层递进,具体内容如下:

[①] 詹万生. 中小学德育课程改革与创新[J]. 教育研究,2003(1):48-52.

序号	构念名称	学习内容	养成目标
构念一	与人建立联系的能力	通过学习基本礼仪,建立与父母、朋辈、老师的良好联系。	从自我尊重到尊敬身边的人。
构念二	社交能力	通过学习基本的沟通技能,提升沟通能力,学会解决人际冲突,明确自我身份,爱班、爱校、爱祖国。	上海生和外地生之间、与少数民族之间的互相尊重;对班级、学校、祖国的共同归属感。
构念三	情绪控制和表达能力	掌握合理的情绪管理策略,适当地表达自己的感受,建立积极的人际关系。	通过合理的情绪管理策略帮助实现自身内心的平静。
构念四	认知能力	学习理性、创意及批判思考模式。	运用理性的思考自省行为;形成创意、批判的思考模式;正确对待上网成瘾、减肥与生理健康等问题。
构念五	行动能力	践行分享、合作、帮助行为;具有同理心及关怀他人的亲社会行为。	分担班中劳动岗位或家务,遵守规范,帮助他人、关怀他人,学会欣赏,以诚待人。
构念六	分辨是非能力	提升以利他价值取向及从更高层面判断问题的能力。	树立利他、关怀及亲社会价值取向,能够承担自己在校、在家、在社会的责任,讲诚信。
构念七	自我效能感	通过欣赏及发展多方面的才能,远离不良嗜好,促进自身发展。	明确"学业成就"不是唯一的成功标准,树立多方面的竞争意识,如提升遵守规范时的自我效能感。在竞争中体验成功,改善身心健康。
构念八	亲社会规范	学习利他主义、团结精神、志愿者精神等。	在发展高层次道德思维中,认识学校和家庭环境中应遵循的规范,培养用不同的认知技巧处理违反社会规范的行为的能力。

二、隐性浸润：拓展课程、探究课程中的规范教育

作为闵行区拓展课研训基地,学校开展了人文、艺术、科技等类型的拓展课程,除了在兴趣中培养学生的能力之外,也将养成教育无痕地渗透其中。

在合唱和竹笛两项艺术课程中,我校深入贯彻学生行为规范的目标,扎实做好"净"、"静"、"敬"、"竞"好习惯的培养。我们从六年级开始推广合唱和竹笛课程,培养团队精神。学生们在训练时不但要"静听",还要"心静"、投入,尊敬老师,听从指挥。竹笛作为中国民族管弦乐的一种,对弘扬民族文化、振奋民族

精神起着重要作用。我校充分利用竹笛课程,为学生搭建了更多展示才艺和学习交流的平台。条件成熟后,我们将继续增设舞蹈形体课,以矫正孩子的不良体态,如驼背、内八字脚、脊椎侧弯、含胸腆肚等,形成正确的、利于身心健康的站姿和坐姿。

写字课程中,除了让学生掌握汉字的书写规范之外,我们也让学生学会整理自己的书写工具,保持桌面、地面以及自身的整洁。同时,学生也在书写练习中,净化自己的心灵,修身养性,达到内心平静。

击剑课程是我们学校的特色,政教处将继续联合体育组,从六年级开始抓起。击剑是从古代剑术决斗中发展起来的一项体育项目,蕴含诸多规范做人和规范行事的礼仪,比如击剑时要注意保护自身和他人的安全;比赛时,要服从裁判判决,尊重对手;观众观赛时要懂得尊重运动员。在经过梅陇中学四年击剑课程的学习后,这些击剑规范和礼仪将会渗透和辐射到学生日常学习和生活中,击剑学生的良好规范和内在素养将逐渐养成。

科技课程是以培养学生创造能力和动手实验能力为主要目标的课程,诸多的动手操作和实验环节,需要严格的规范。科技老师会在课前出示相关的安全小贴士,让敬畏生命、注意安全、规范操作的意识深入学生内心。

探究课程中,我们围绕学生生活的"衣"、"食"、"住"、"行"四大板块内容,开设了多门研究课程,让学生在自主探究中体会仪容仪表、饮食习惯与就餐礼仪、交通规范等内容的重要性,并培养他们必要的生活技能。

三、激励引导:菜单式团课——全员普及、全员参与

共青团是一个用先进思想教育引导青年的群众组织,成为一名团员同样意味着应该具备高度的责任感和道德感。学校实施了菜单式的入团课程,激励引导着学生在各方面追求先进的思想、良好的习惯、高尚的品德。具体流程如下:

六年级——参加志愿者服务(全员)。大队部设立全校的服务岗位,学生在六年级两个学期中必须修满三个学分,才能获得大队部颁发的"优秀志愿者"证书。

七年级——参加团课（全员普及）。每次团课实行点名制，缺课超过 1/3 不予结业，学生考试合格后颁发结业证书。八年级——取得"优秀志愿者"和团课结业证书的同学，可以自愿递交入团申请书，接着进入入团积极分子的考核程序。梅陇中学入团积极分子考核严格，评价角度丰富：同学评价 15 分，任课老师评价 15 分，班主任评价 15 分，年级组长评价 15 分，年级分管领导评价 10 分，学科成绩进步度 10 分，最终按分数总和的排名先后来确定第一批正式的人选，并全校公示三天。

（作者：上海市闵行区梅陇中学　董　鸣）

案例：建设校园听证校本课程　培养初中学生规则意识

一、研究背景

我校积极探索贴近学生、贴近生活、贴近实际的"三贴近"德育方法创新研究，初步形成了以校园听证制度为主要特色之一的基于理解的零距离德育模式，极大地推动了学校德育工作，取得了较好的德育实效。校园听证不仅保障了学校管理过程中的学生参与权，增强了学生的规则意识，还促进了校园人际关系的和谐。近几年来它作为学校的特色项目得到了全校师生的支持与推广，可是高潮和实效之后面临照搬照套和疲于形式的困境。

为突破这一瓶颈，我们着力于已有课程资源的梳理和校本课程的体系创建与完善，开展了课程开发与实践研究工作。通过全面的课程评价，我们有目的、有计划地引导学生去独立思考、自主选择和积极实践，使得行为规范教育目标能有效达成。此外，在长效化课程建设的同时，我们还尝试创建可用于推广与共享的校本课程体系。

二、概念界定

校园听证　是指在学校规章制度的制定、实施和修订过程中，由学校教师、学生或家长等利益相关人提出听证请求,学生自主管理委员会协调,教师、学生、家长和其他利益相关者参与,就拟定的规章制度、措施决定进行公开辩论、共同协商,为修订和执行提供参考建议的活动。

校园听证包括听证会前的申请、听证会的召开和听证决议执行三个环节。操作流程为:①由学校教师、学生或家长等利益相关人提出听证请求;②听证组审核接受该听证请求,拟定听证时间和人员;③班级、年级、学校召开听证会,听证人员由学生、年级老师、学校相关领导、家长代表等组成;④听取各方建议,对听证事项,由学校有关部门答复决定,形成最终方案。

校园听证的课程体系

课程目标:在听证活动课程中,了解、理解、反思并践行规则,成为一个有情怀、会包容、有理想、乐进取的现代社会公民。

课程内容:听证前调查、听证会举证、听证后实施与评价。

实施方式:分年级实施不同侧重点的听证主题活动。

课程评价:利用各类评价量规开展过程性与终结性评价。

课程资源:学校、家庭、社区资源三位一体,相互依存互为因果。

三、研究过程

第一阶段:调查研究理顺条线——统整有效的课程资源

利用班主任会议、全校教职工大会,一方面汇报总结过去几年校园听证制度的工作实效和面临问题,另一方面解读新制定的《交大二附中校园听证校本课程建设方案》,用新的思路调整工作步伐。和学校各部门沟通合作,研究工作任务及细节。向周边社区和家长发放告知书,设计问卷调查,寻求德育资源整合力量,构建具有三位一体特点的校园听证的资源体系,通过多角度全空间课程资源的整合来提升课程评价体系的客观性和有效性,以切实提高校园听证校本课程育人目标的有效达成。

第二阶段：从点到面开展实践——建构完整的课程体系

首先，我们从听证选题切入开展了试点运行。我们结合学校和年级行为规范目标，动员全校师生、家长开发校园听证选题，筛选符合学生年龄心理和认知水平的选题，并开展了必选和自选听证主题的评比活动。

学校把"班规制定与修改"作为每个班级开学后第一次班级听证会的主题，让每个学生充分地发表意见与建议，鼓励每个学生参与到班规的制定及修订中来。在不断完善班规的同时，在每个学生心里深深地烙上了集体意识和规则意识。

在此基础上，各年级组根据本年级育人目标以及学生的实际情况，商定适切的听证主题，作为年级听证会主题，引导学生积极参与。

表1 听证必选主题

听证级别	课程内容	课程目标	课程平台
班级	班规制定与修改	培养集体规则意识，使学生积极参与自主管理	年级组内展示
年级	由年级组商定听证主题	落实年级行为规范目标	年级组推选学生代表在年级内开展
学校	根据学生出现的新问题	落实学校育人目标	学生、教师、家长代表在学校内开展

其次，在必选主题之外，每学期由各班在前期进行大量听证类主题探究实践的前提下，由学生讨论并决定一个自选主题，在班主任带领下开展自主的听证准备活动，学生处挑选一部分优秀案例在全校进行展示。我们将着重从以下四个角度来编录优秀的听证案例，以充实完善校本课程的内容：（1）反思自身行为，参与规则制定；（2）洞悉身边之事，明辨是非曲直；（3）参与学校大事，做合格小主人；（4）听证类小课题，实践中求真知。

表2 部分优秀自选听证主题样例

日期	班级	主题	班主任
3月5日	预初(3)班	学生春秋游活动是否须穿校服？	沈冬贤
3月19日	初一(5)班	是否可以并桌坐？	宋倩娴
3月27日	初二(3)班	回家作业是否需要家长签名？	季芳
4月23日	初一(1)班	学生可否带手机上学？	周洪银

然后，我们在班级、年级、学校这三个层面试点的基础上，进行了听证会磨课和公开课展示，尝试创建、修改并完善课程学习单和评价单，形成具有规范性和推广性的优秀案例。我们还收集了案例、论文集及图片、视频等过程性资料。针对初稿案例的实施情况与仍存在的不足之处，我们专门召开了校园听证课程评价研讨会，研讨如何改进优秀案例并有效推广，形成了更为完善的活动方案。

最后，我们在全校范围内广泛开展了一系列有针对性、有意义的班规修改、校规修订等各类听证会。

我们开展了听证制教案资料收集，评比听证课堂的教学效果，并对听证后的实施情况进行调查，促进活动课程评价的长效性。

我们邀请了家长、社区人员、交大志愿者等参与到活动中，共同努力建立健全校园听证校外志愿者库与相关的评价机制。

我们评选了优秀选题、优秀教案、优秀展示课、优秀案例，还开展了校园课程建设项目总结工作，进一步研究如何提高德育校本课程实效，尝试提高德育校本课程的可推广程度。

四、研究成效

(一) 课程育人目标的明确化

从校园听证课程的育人目标出发，挖掘课程的核心育人价值：

培养人文素养：能够懂礼守信，严以律己宽以待人；

培养科学素养：能够实事求是，有理有据思维严谨。

表3　分年级育人目标体系

年级	育人目标	具体描述
预初	讲礼仪，爱学习	培养规则意识和诚信精神，具有初步的民主意识和集体主义观念。
初一	能自爱，会生活	培养换位意识和合作精神，具有初步的自主意识与敬畏生命的观念。
初二	懂法制，明责任	培养感恩意识和执着精神，具有初步的自强意识与社会责任感。
初三	树理想，勤奋斗	培养民族意识和创造精神，具有初步的公民意识与独立思辨能力。

校园听证课程用分年级实施、逐步深入、循序渐进的方式，努力推动课程育人目标的有效达成。

（二）课程评价过程的多元化

开展校本课程评价的根本目的是全面了解和掌握课程实施的效果，在此基础上帮助教师改进教学、提高教学实效性，不断完善课程体系。为此，我们制定了"听证前的主题申报评价量表"、"听证前学生调研活动评价表"、"听证会的课堂表现评价量表"、"听证活动实施成效的评价单"、"指导教师的过程性评价量表"、"学生家长的参与度评价量表"。在课程实施的过程中，综合考查学生对课程的参与度和课程达到的效度，在此基础上不断促进课程体系的完善。

表4　听证前的主题申报评价量表

听证主题				申报人信息	班
要素	描述 (打√，或填写具体信息)	自评 （1 最低　5 最高）	互评 （1 最低　5 最高）	总评 （自评＊0.4＋互评＊0.6）	
主体	有明确的听证评判机构 如：班委会、年级组、家委会、学生处、总务处、其他	1( )　2( ) 3( )　4( ) 5( )	1( )　2( ) 3( )　4( ) 5( )		

对象	有全面的听证参与群体如：学生、班级代表、家长代表、管理员、其他	1( ) 2( ) 3( ) 4( ) 5( )	1( ) 2( ) 3( ) 4( ) 5( )	
科学性	有明确的矛盾冲突，或有符合实际的需求存在矛盾、冲突	1( ) 2( ) 3( ) 4( ) 5( )	1( ) 2( ) 3( ) 4( ) 5( )	
评定意见： □同意立项　　　　　　　□不同意立项				总计： 评定人(集体)：_____ 评定日期：_____

表5　听证前学生调研活动评价表

听证主题			姓名		班级	
评价要素	描述 (打√,或填写具体信息)	自评 (1最低　5最高)		互评 (1最低　5最高)		总评 (自评 * 0.4 + 互评 * 0.6)
调查	已经完成调查活动	1( ) 2( ) 3( ) 4( ) 5( )		1( ) 2( ) 3( ) 4( ) 5( )		
	调查资料完整无缺失	1( ) 2( ) 3( ) 4( ) 5( )		1( ) 2( ) 3( ) 4( ) 5( )		
数据	已经完成数据整理	1( ) 2( ) 3( ) 4( ) 5( )		1( ) 2( ) 3( ) 4( ) 5( )		
	已经对比分析了数据	1( ) 2( ) 3( ) 4( ) 5( )		1( ) 2( ) 3( ) 4( ) 5( )		
结论	已经完成了举证表	1( ) 2( ) 3( ) 4( ) 5( )		1( ) 2( ) 3( ) 4( ) 5( )		
指导教师评价：(优秀＞20,良好＞16,合格＞12) 　□优秀　　□良好　　□合格　　□需改进 教师签名：_____ 评价日期：_____					总计：	

表6 听证会的课堂表现评价量表

听证主题			姓名		班级	
	描述 (打√,或填写 具体信息)	自评 (1最低 5最高)		师评 (1最低 5最高)	总评 (自评＊0.4＋ 师评＊0.6)	
	积极发言,主动 表达己方观点	1( ) 2( ) 3 ( ) 4( ) 5( )		1( ) 2( ) 3 ( ) 4( ) 5( )		
	能与他方利益 代表和平沟通	1( ) 2( ) 3 ( ) 4( ) 5( )		1( ) 2( ) 3 ( ) 4( ) 5( )		
	听证发言能够 做到有理有据	1( ) 2( ) 3 ( ) 4( ) 5( )		1( ) 2( ) 3 ( ) 4( ) 5( )		
指导教师评价:(优秀＞12,良好＞9,合格＞6) 　　□优秀　　□良好　　□合格　　□需改进 　　　　　　　　　　教师签名:_____ 　　　　　　　　　　评价日期:_____					总计:	

表7 听证活动实施成效的评价单

听证主题		姓名	班级	
	评分与感悟(1最低 5最高)			总评 (自评＊0.3＋老师 评＊0.35＋家长评 ＊0.35)
自评	分值:1( ) 2( ) 3( ) 4( ) 5( ) 感悟:			
老师评	分值:1( ) 2( ) 3( ) 4( ) 5( ) 理由:			
家长评	分值:1( ) 2( ) 3( ) 4( ) 5( ) 理由:			
成效评定:(优秀＞12,良好＞9,合格＞6) 　　□优秀　　□良好　　□合格　　□需改进 　　　　　　　　　评定人(集体):_____ 　　　　　　　　　评价日期:_____				总计:

表8 指导教师的过程性评价量表

听证主题		姓名		班级	
要素	评分、感悟与案例分析(1最低 5最高)				
听证流程规范程度 分值:1( ) 2( ) 3( ) 4( ) 5( ) 感悟:					
听证活动成效 分值:1( ) 2( ) 3( ) 4( ) 5( ) 案例分析(2—3个):					
成效评定:(优秀>8 良好>6,合格>4) □优秀 □良好 □合格 □需改进 评定人(集体):_____ 评价日期:_____				总计:	

表9 学生家长的参与度评价量表

听证主题		姓名		班级	
要素	评分、感悟与建议(1最低 5最高)				
听证活动效果 分值:1( ) 2( ) 3( ) 4( ) 5( ) 感悟:					
有合理化建议 分值:1( ) 2( ) 3( ) 4( ) 5( ) 建议:					
成效评定:(优秀>8 良好>6,合格>4) □优秀 □良好 □合格 □需改进 评定人(集体):_____ 评价日期:_____				总计:	

（三）课程优秀案例的推广化

每个班级的班主任根据年级模块划分,开展了听证前的选题、听证中的公开课展示、听证后的研讨与调查评选工作。在此基础上,每个年级推选出一个优秀案例,并在相同的主题下进行全年级推广,这样就形成了校本课程的以点带面、以实践到研讨再到实践的推进过程。我们相信,这些案例将能够成为校园听证课程有效推进和推广的基础。

表 10　2016学年第一学期优秀听证议题

议题	来源
舞蹈班女生是否必须盘头发	预初(5)班全体学生
是否可以自带午餐	初一(3)班全体学生
食堂是否可以给学生多提供水果	初一(4)班家长
学校是否可以做上海方言推广	初一(5)班学生
是否增加夏令营活动	初二(1)班学生
学校社团时间是否可以增加	初二(4)班家长
社会实践活动是否可以由学生设计方案	初三(5)班全体学生

（四）课程激励机制的长效化

校本课程的开发是一项复杂的整体项目,需要人力、物力和财力的投入与支持,任何一个环节的疏忽都会影响到落实的实效性。

如下图所示,我校已经构建了具有三位一体特点的教育管理体系,通过多角度、全空间课程资源的整合来提升课程评价体系的客观性和有效性,以切实提高校园听证校本课程育人目标的有效达成。为此,我们创建了相应的激励机制以保障课程的长效建设。

表 11　校园听证长效激励机制

对象	手段或平台
课程学习者 （学生）	1. 利用年级组橱窗等宣传阵地,展示听证活动的优秀成果(听证后的倡议书、听证活动或调查的照片等); 2. 开展每学期一次的优秀选题、优秀心得体会和优秀集体活动的评选,颁发优秀奖状,并展示在学校校园网德育栏目中。
课程实施者 （教师）	1. 利用校级德育公开课平台,展示优秀的校园听证主题班会课,并择优推选,给予区级展示的机会; 2. 开展每学期一次的优秀指导教师案例评审,推荐在校报与校刊上发表,并将案例结集出版。

对象	手段或平台
课程志愿者 （家长）	1. 在家委会中成立专项的校园听证家长志愿者库，颁发聘书，定期活动交流，参与学校各级管理政策的制定活动，完善家长驻校制度； 2. 开展每学期一次的优秀家长志愿者的评选，颁发优秀奖状，并展示在学校校园网德育栏目中。
学校各级 管理部门 （如年级组、 总务处、 课程处、 学生处等）	1. 创设各级管理部门校园听证记录库，汇集有效意见与建议，推动各级管理部门开展透明、民主、高效的管理工作； 2. 开展每学期一次的各级管理部门评价活动，公示各级管理部门的全民满意度。

五、反思与建议

校园听证校本课程的开发，不能仅是作为一种学生实践活动课程开发，也不能只是将其作为提高学生对学校管理规章服从度的有效手段，如何渗透公民教育让参与者真正平等发声以有效达成课程目标才是迫切需要。

校园听证的实质就是把关系学生德育生活的决策权力与学生分享，让学生参与决策，从而增强学生对决策的认同感，提升学生在决策执行中的自觉性和创造性。

在校园听证校本课程体系框架初步建立的基础上，如何进一步丰富课程内容，如何提升课程实施的有效性，都非常值得进一步探索。

总而言之，从被动走向主动的课程建设过程中，若我们能够加强校园听证校本课程的互动宣传与社区实践，并积极尝试开展广泛的校际与区域共享，课程育人与环境育人的美好愿景就会早日实现。

（作者：上海交通大学附属第二中学　沈晓云）

梅陇中学在各类课程中整体设计、突出行为规范教育，依托德育课程完善行为规范教育课程体系，发挥课程主渠道的作用，使得行为规范教育实现全域性，实效性也得到较好保障。交大二附中则是聚焦行为规范教育当中的"规则意识"，将校园常规的"听证活动"打造为校本课程，并充分发挥、放大这门课程的教育效益，使学生的良好行为规范能够迁移到新的情境。两个案例，基于不同的角度，从不同的课程建设路径出发，都收到良好实效，值得学习和借鉴。

▶ 三、主题班会

1998 年国家教委颁发的《中学德育工作规程》中，第二十四条规定"各级教育行政部门和中小学校应切实保证校会、班会、团（队）会、社会实践的时间"。2009年教育部印发的《中小学班主任工作规定》中也有类似的规定。这是教育行政部门以"指令性计划"的形式，专门分配给班主任的教育时段。

班会是指在班主任的引导下，根据学生的兴趣和身心发展特点，以学生为主体，经过一系列精心设计、策划而形成的班级教育活动。主题班会是班会中最重要的一种教育形式，它中心更加明确，策划更有目的性，教育性更强。主题班会看似是教育环节中一个很小的环节，只占据很小的时间段，但对这个环节却不可忽视。[①] 一堂好的主题班会，起到的教育效果是巨大的：解决学生问题，提高班级凝聚力，锻炼学生能力，提升学生道德认知，促进师生沟通，等等。

主题班会最重要的主题之一就行为规范教育。通过主题班会，班级、学生中的各种行为规范方面的共性问题能够得到讨论、澄清、解决，尤其在认知层面和情感层面，主题班会所营造的课堂氛围能对学生产生较大影响，从而为学生行为规范教育的落实提供了最可靠的途径、载体、时间和空间。通过主题班会，班主任的教育能力和水平也得以锻炼和提升。以下选取了一些成效较为突出的行为规范教育主题班会，供大家参考、借鉴和研讨。

---

① 张亚男. 中小学主题班会研究综述[J]. 教学与管理,2009(9)：20 - 22.

案例：一只汤桶的烦恼——谈文明用餐

背景分析：

青少年教育，当以德育为先。而道德品质和道德行为是个体道德的两个方面。"德"是"行"的内核，"行"是"德"的外显。没有"德"的引导，就不可能有自觉自主的"行"；没有一定的"行"的积累，就不可能形成"德"。"德"与"行"是辩证统一的关系。因此，我们的行为规范教育应该突出学生在充分理解了行为规范的价值与意义之后能够自觉自主地制定符合自己生活实际的规范，而行为的纠正与优化又反过来潜移默化地促进道德品质的提升。

其实在中国传统文化中，有一个和这种观点非常契合的概念，就是"礼"。子曰："不学礼，无以立。""礼"就是行为规范，"立"其实是立人、立德。

在我国传统的教育体系中，"礼"一直处于核心地位，上至国君下至百姓，无不深受礼仪教育的影响。中华民族世代延续的礼仪教育，成为建设"礼仪之邦"的基础工程，对于中华文明的存续发挥了极为重要的作用。

我国古代青少年礼仪教育的成功经验之一，就是将"大道理"融入与日常生活联系密切的教育内容之中，通过对"细枝末节"的教育，实现远大的教育目标和教育理想。朱熹在其《小学序》里开篇就说，古代小学所教给孩子的洒扫、应对、进退一类的礼节，以及爱亲、敬长、隆师、亲友的道理，看起来都很简单、细小，但是，这一切都是修身、齐家、治国、平天下的根基。

"衣食住行"是每个人最基本的日常生活，尤其"食"更是每个人每天必须做的事情。餐桌不仅可以用来吃饭，也可以是重要的德育课堂。

中国人的饮食礼仪是比较发达的，也是比较完备的，而且有从上到下一以贯通的特点。《礼记·礼运》说："夫礼之初，始诸饮食。"在中国周代时，饮食礼仪已形成一套相当完善的制度。这些食礼在以后的社会实践中不断得到完善，对现代社会依然产生着影响，成为文明时代的重要行为规范。

莘光学校的德育文化特色就是"明礼教育"，学校始终以培养学生良好行为习惯、提高学生素养为教育核心。文明用餐也是学校明礼教育中一个重要的部分。

六年级的孩子出生于"00后",父母不少是"70后"、"80后"的独生子女,而祖辈又出生于五六十年代、成长于特殊时期,中国传统的用餐礼仪教育往往是缺失的或者是不完善的。

进入六年级,孩子们在身心上开始快速发展,个性更加分明,"自我中心"的状况也越来越明显。在集体行动、集体生活中,往往会忽视他人的感受,只顾及自己的利益。而校园的午餐时间,班里的几十个孩子一起拿饭、一起吃饭、一起盛汤、一起收拾餐桌,如果缺乏集体意识、缺乏规范,就很容易发生矛盾。表面上来看是"没规矩",而"没规矩"的深层原因是公德心的缺失和传统礼仪的"断档"。

六年级,也是一个新班级组建起来的重要时期。利用好每日午餐这样的教育时机,对学生进行文明用餐教育,可以让孩子们懂得遵守行为规范的内涵是互敬互爱的道理,从而建设更加团结友爱的班集体。

因此,用餐不仅仅只是吃饱肚子而已,还是重要的德育课堂。让孩子们通过学习文明用餐,了解中国传统进餐礼仪,进而明白传统礼仪中蕴含的人文情怀与道德意义,将礼仪教育与道德教育结合起来,潜移默化、由点及面地提高孩子们的品德修养,这是非常有意义的。

文明用餐教育的班会分为四个部分:第一个是了解校园午餐公共秩序:"不以规矩,不成方圆——谈遵守用餐秩序";第二个是珍惜食物、戒除奢侈浪费:"一汤一饭当思来之不易——谈珍惜粮食";第三个是思考用餐礼仪:"一只汤桶的烦恼——谈文明用餐";第四个是学习思考社会公共用餐礼仪:"夫礼之初,始诸饮食——谈公共用餐礼仪"。让学生从初入莘光校园了解校园用餐秩序开始,规定他们如何用餐,到引导他们了解用餐的意义和背后的文化内涵,进而自觉地文明用餐。以文明用餐活动为载体,让学生学会遵守秩序、学会戒除浪费、学会互敬互爱,把文明礼仪和美德践行于日常生活之中。

教育目标:

1. 通过活动了解中国传统的用餐礼仪,认识到文明用餐的意义。

2. 通过讨论制定"用餐公约",帮助孩子初步产生主动构建行为规范准则解决问题的意识,明确在现实生活中如何做到文明用餐。

3. 引导孩子传承中华礼仪,树立公德心,学会换位思考,做到文明有礼、尊重他人。

课前准备:

1. 制作课件。

2. 完成问卷调查并统计。

3. 排练相关小品,制作服装。

教学过程:

环节	过程与意图	展现形式	资源准备
情景剧导入:一只汤桶的烦恼	用拟人化的情景剧引出班会的主题: 1. 由一名学生扮演午餐汤桶,展现班级午餐时以汤桶为中心发生的不文明用餐现象。(以生动有趣又贴近生活的形式引起学生对不文明用餐现象的关注。) 2. 小"汤桶"提出问题:你们在家吃饭也这么不讲究吗? (过渡到下一个环节)	表演情景剧	排演小品,制作演出服
互动交流:我家吃饭有讲究	学习和交流同学们家庭生活中的传统用餐礼仪: 1. 展示家庭进餐照片,交流各自家庭中仍然保留的传统进餐礼仪。(学生互相交流,学习彼此家庭中的用餐礼仪,并发现这些用餐礼仪大同小异,都是来自于中华传统文化。) 2. 共读《礼记》中关于用餐礼仪的文段"十四册"。(感受用餐礼仪源远流长,是中华传统文化的重要组成部分。)	1. 展示照片并交流 2. 学生讨论 3. 分小组朗读 4. 小组抢答 5. 情景剧过渡	1. 学生拍摄能够反映传统用餐礼仪的家庭照片。 2. 学生在各自家中进行"家庭用餐礼仪"的采访调查。 3. 搜集中国传统进餐礼仪,并整理成是非题、选择题形式。

环节	过程与意图	展现形式	资源准备
	3. "用餐礼仪知多少"小组抢答：将班级分成几个小组,对于中国传统用餐礼仪知识进行抢答比赛。(西方国家由于其宗教背景,历来把餐桌作为重要的礼仪教育阵地,而中国传统文化中其实也有许多流传已久的用餐礼仪,但因为历史原因在传承中出现了"断代",不要说孩子们,很多成年人也未必了解,因此需要进行普及。) 4. 思考并讨论:为什么要讲究这些进餐礼仪?为什么有些进餐礼仪经过几千年依然影响着我们的日常生活? (引导学生感悟用餐礼仪背后蕴藏着的中华民族尊重他人、重视亲情的优秀文化传统。) 5. 由"小汤桶"演员与老师的互动进行小结,并引发新问题: 为什么到了班级里吃饭就没那么讲究了呢? (过渡到下一个环节)		
调查与反思：咱班吃饭有讲究	观察、反思集体午餐中的不文明现象,学会做一个有公德心的人: 1. 展示班级调查问卷"午餐时我最不喜欢的用餐行为"的结果。 2. 交流:为什么不喜欢这些用餐行为?(明确:这些不文明的用餐行为会损害其他同学的利益。) 3. 追问:你有过这些不文明的用餐行为吗?为什么你会这样做?(明确:发生这种不文明现象是由于利己的心理。) 4. "小汤桶"与老师互动,进行小结:用餐不止是自己一个人的事情,要学会换位思考,充分考虑他人的感受,做人要有公德心。 5. "小汤桶"追问:如何才能在用餐时保障所有人的共同利益呢?	1. 展示问卷结果 2. 师生互动交流 3. 情景剧过渡	1. 班级问卷调查:"午餐时我最不喜欢的用餐行为"。 2. 根据调查问卷反映的问题编写、排练小品。 3. 拍摄班级用餐时的照片,制作背景PPT。
讨论制定行为规范：我的餐桌我做主	1. 同学们自己编写条款,讨论修改《班级用餐公约》,明确在班集体进餐时,哪些是应该做的,哪些是不应该做的。 (在认识到了文明用餐的意义之后,自觉自主地产生建立行为规范来维护共同利益的念头,并能够通过讨论自己制定行为准则。这样的行为准则是孩子们自发产生的,更易于遵守和维护。这些行为准则也将使班级意识和公德意识逐渐强化,扎根在孩子们的心里。) 2. 小结:只有班级里的每一个人都像家人一样互敬互爱,这个班级才会成为每一个人温暖的家。	1. 讨论 2. 修改细化"用餐公约"	

（作者：上海市莘光学校　黄珊珊）

案例：时间去哪儿了——学会时间管理

设计背景

《上海市中长期教育改革和发展规划纲要（2010—2020年）》指出，要坚持德育为先，注重培养学生的理想信念、公民素质和健全人格。本节课的主题是聚焦于"启蒙养正，德行双修"中的"启蒙"二字，"启蒙"即启迪智慧、点化生命，我们班主任的育人工作一定要坚持对学生的生命教育，这也是我校一直倡导的、贯穿于德育教育中的重要内容。

我校是一所公办初中，我所带的初二(4)班是上学期新接手的班级，共有学生34人，其中男生21人，女生13人，班级整体相处融洽。由于初二年级学业繁重，有些学生能轻松应对，但有些学生虽然疲于奔命，看似"忙碌"着、"辛苦"着，学习却陷入了困境，这种现象令人担忧。再过两三个月就要升初三了，而百分之三十的学生依然没有紧迫感，没有珍惜时间的意识。俗话说"时间就是生命"，如果学生能学会合理地安排时间，有效利用时间，那么学习就会变得轻松，也就能更好地去迎接初三的到来。

本课根据学生实际情况，以时间管理为切入点，对"时间"进行一次深入的探究，引导学生认识时间的宝贵，激发学生珍惜时间的意识，使学生学会合理安排时间。这会让学生受益终身，也是提升学生生命质量的有效途径之一。

教育目标

知识与技能：知道时间浪费的缘由和时间支配的误区，学习管理时间的方法，构建属于自己的时间管理公式。

过程与方法：通过看图猜谜语、视频、小品等活动，学生在学习、交流、沟通中去思辨与感悟，在榜样的示范与老师的指导下，学会科学地安排时间，并在后续活动中不断实践和修正。

情感态度与价值观：通过班会引起学生思想共鸣，认识到珍惜时间的重要性，感悟生命的意义。

课前准备

收集有关时间的各项资料；

完成调查问卷的统计；

准备相关的课件与多媒体；

排演小品，拍摄视频。

生命教育系列

1. 文化探访：抗日战争胜利 70 周年

2. 小小队会：禁毒一日不绝，禁毒一刻不止

3. 主题班会：青春期教育

4. 班队会：帮助刘雯佳同学，献爱心活动

5. 主题班会：安全教育

6. 社会实践："我"是小雷锋

7. 主题教育课：时间去哪儿了——谈如何学会时间管理

8. 主题班会：憧憬初三，你准备好了吗？

教育流程

一、导入

富兰克林有一句名言："时间是构成生命的材料。"由此可见，时间在我们的生活中是多么的重要，今天我们的班会课就来和大家聊聊"时间"这个话题。

1. 看图猜成语

光阴似箭、一刻千金、白驹过隙、弹指光阴等等。

设计意图：通过看图猜成语，在轻松的气氛中引入主题。

2. 观看视频《A4 纸上看人生　珍惜眼前时光》

其实人的一生只有 900 个月左右的时间。事实上，你可以画一个 30×30 的表格，一张 A4 纸就够了。每过一个月，就在一个格子里打钩。你全部的人生就在这张纸上。你会因此有一个清晰的概念：你的人生是如何度过的……

3. 试着涂涂自己人生这张 A4 纸并谈谈自己的体会

读完九年义务教育,接下来是继续学习,还是踏入社会谋生,取决于中考,所以有人会说人生道路的第一个转折点是中考,那么我们现在离中考还有多远,涂涂人生这张 A4 纸你就明白了。

设计意图:通过观看视频《A4 纸上看人生　珍惜眼前时光》,用自己动手涂 A4 纸的形式来对"时间"进行诠释,增加了趣味性,同时引导学生感悟时间的匆匆,联系自身认识到时间的宝贵。

二、辨析"时间去哪儿了"

1. 观看视频《马小虎的一天》

● 马小虎早上到校补作业,老师来了,还没来得及补完就得交作业。

● 老师好一顿批评,马小虎心情郁闷。马上要上课了,赶快利用课间休息时间继续补作业,胡乱做做赶快交差。

● 午自修订正的时候,马小虎发现别人都订正好了,自己要花更多的时间去订正,可有些题目还是搞不明白。

● 4:20 放学了,马小虎还在订正中……

● 回家做作业,马小虎一会儿喝水,一会儿吃零食,一会儿玩手机,结果一个小时过去了他还一事无成……

小组讨论以下两个问题并交流。

(1) 主人公有哪些问题呢?

(2) 对照主人公,我们的时间到底去哪儿了?

预设:漫无目标,一片茫然;做事拖拉;做事不分轻重缓急……

设计意图:通过对《马小虎的一天》的观看和讨论,在引起学生共鸣的同时,让学生明白浪费时间的原因。

2. 学学身边的好榜样

提前在班中开展问卷调查,评选出三名班级中时间利用得最有效的同学,让这三位同学结合自身谈谈自己管理时间的好方法。

崔玉叶：统筹法；方婧靓：善用边角料时间；刘玉娇：合理规划法。

设计意图：榜样的力量是巨大的，通过身边好榜样的分享，学生可以学到一些管理时间的好方法。

三、做时间的主人

1. 学习身边的好榜样

听过好榜样的分享，请学生把 PPT 上给出的事情按照重要程度和紧迫程度排列。

设计意图：通过试试看，检验学生能否学以致用，将珍惜时间落到实处，也可发现学生有无认识偏差并做及时修正。

2. 编写时间管理公式

引导学生思考自身最欠缺的地方，寻找所需的核心词，构建属于自己的时间管理公式。

设计意图：这是启发学生对管理时间进行自我构建的过程。

四、结尾

（音乐伴奏）

老师总结：同学们，大家都知道"一寸光阴一寸金"，我们今天通过这节班会课真正认识到了时间的宝贵，也学到了他人管理时间的好方法，还找到了属于自己的核心词，从而构建了属于自己的时间管理公式，这对今后的工作和学习都很有帮助。希望大家能够真正用实际行动去落实，做好迎接初三的准备。

设计意图：通过总结，进一步强化主题，让学生牢记珍惜时间的重要性及管理时间的方法，同时将两周之后的反馈作为后续教育活动，在将来的学习生活中践行时间管理公式。

板书：统筹 碎片时间 坚持 规划

时间——→时间管理公式

（作者：上海市闵行区七宝第二中学 孙梦秋）

养成教育是德育工作中的基础工程,更是一年级新生德育工作的重点。古语有云:"没有规矩,不成方圆","不以一己之利为利,而使天下受其利;不以一己之害为害,而使天下释其害"。所以"启蒙养正"对于小学阶段的学生来说是行为规范训练的重点,教师在教育过程中也要本着始终以学生为主体的原则进行春风化雨式的培育,培养小学生良好的学习习惯。

一、从问卷调查中,发现问题成因

从倾听行为规范训练前期调查问卷中发现,学生在上课不专注和爱插嘴这两项中问题尤为突出,原因主要是:现在孩子主要以独生子女为主,家长溺爱、骄纵的情况屡见不鲜,导致孩子多以自我为中心。他们在平时的人际交往中容易出现不爱听别人说话以及在别人说话时爱插嘴的问题,很难做到尊重理解、换位思考。

除此之外,有些孩子为了在课堂上获得老师的表扬,看起来听课非常认真,在没有听清问题的前提下,"积极举手发言",出现先抢答再思考的情况。也有部分孩子上课时心不在焉,呈现"身在曹营心在汉"的神游状态。依据这份问卷,我们确立了下一阶段的主题教育目标。

二、在重点问题中,进行学情分析

1. 年段特点:一年级学生刚刚进入小学学习,新的学习和生活让孩子们充满了好奇。同时,他们年龄小,好动、易兴奋、易疲劳,注意力容易分散。由于注意力范围狭窄,35 分钟的课堂学习对于他们来说真的很难,所以,激发他们听课的兴趣十分重要。新版《小学生行为规范守则》"好学多问肯钻研"中提到"上课专心听讲",所以指导一年级学生养成倾听的行为习惯,也有助于他们学习能力的提高。

2. 班级学情:我班又名"骄阳班",由 37 位学生组成,其中女生 15 人,男生 22 人,是全年级男生最多的班级。另外,班上还有一名随班就读生和一名多动症儿童。因此,班级整体纪律不稳定,听课效率较低,容易有开小差现象。开设本节课的用意便是为了针对我班实际问题进行课堂倾听行为习惯的养成教育,为班级教学和学生行为规范的正常推进做出正向引

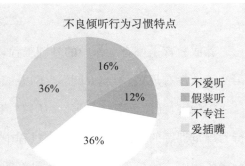

不良倾听行为习惯特点

- 不爱听
- 假装听
- 不专注
- 爱插嘴

导。开展"小耳朵 竖起来"行为规范养成教育活动,即是根据班级实情对症下药,目的是培养学生的倾听能力、思考能力,同时提高学生的表达能力。

本次主题班会课"以生为本",通过故事、游戏、讨论等形式,引起学生对正确倾听行为的认识,从而引导学生学会倾听,做一个合格的倾听者,为成为一名善于倾听、懂得尊重的阳光小苗苗而努力。

三、从目标确立过程,进行科学布设

活动的成功,不仅要有充足的理念支持,而且还要有科学的目标定位,这样才能统揽全局。因此,根据本次活动的训练目标和我班学生实际,本次班会活动的目标确立为:

1. 通过活动让学生知道认真倾听的要求,感受认真倾听的快乐,逐步认识养成倾听习惯的重要性。

2. 通过活动让学生懂得认真倾听也是彼此尊重的重要表现。

四、教育过程

(一) 两分钟预备铃热身

上课铃声响

上课铃声响,快快进课堂,起立要站直,坐正不乱晃,

不做小动作,专心来听讲,发言先举手,回答不乱抢,

答问题,声音响,别人讲,认真听,争做守纪好学生。

(二)激趣导入,感受快乐

1. 游戏:听听猜猜留声机。

第一组:播放"鸟叫声、电话铃声、汽鸣声"。

第二组:播放"小溪流水、雨声;雷声、爆炸声"。

2. 生交流。

3. 师点评:小朋友们的小耳朵真灵,刚才的小游戏一点都难不倒我们,说明我们都在(生:认真听),快,快!给自己一点小掌声。

4. 生互动。

5. 师总结:老师从小朋友们脸上看到了笑容,说明我们从玩中感受到了快乐,这就是倾听的快乐。今天我们就要一起来学习"小耳朵 竖起来"。

6. 出示课题:"小耳朵 竖起来"

(设计意图:通过游戏启发,调动学生的上课积极性,让学生从玩中感受到倾听的快乐。同时,初步感知课堂认真听讲的重要性。)

(三)树立榜样,落实评价

环节一:仔细听,答准确

1. 师过渡:刚才玩得还意犹未尽,动物故事会又要来和小朋友们见面了。这次有些小要求,赶快竖起耳朵仔细听。待会儿比一比,赛一赛,看谁听得最认真,回答得最完整。

2. 播放录音:《机智的小白兔》(时长 1 分 30 秒)

故事内容:

雨过天晴,草地上长出了许多小蘑菇。

小白兔拎着篮子跑了出去。它在草地上采了很多的蘑菇,它看见树林里有更大的蘑菇,就往树林里走去,它越走越远了。这时,大灰狼也正在树林里寻找食物,看见小白兔正在采蘑菇,心想,这下可有美味的午餐了。小白兔这时也发现了大灰狼,它想:这可糟了,跑也来不及了,怎么办呢?它灵机一动,往地上一躺,捂着肚子打起滚来。

大灰狼看见了,好奇地问:"小白兔,你怎么啦?"

小白兔装作很痛苦地说:"我刚才在地上拾起一个蘑菇吃掉了,可能是毒蘑菇,我现在肚子疼得不得了,我可能要死了。"

大灰狼一听,心想:兔子肉虽然好吃,但是有毒的兔子肉可吃不得,否则我也会中毒的。

这时,小白兔又在地上滚了几下,屏住呼吸不动了。

大灰狼抓起小兔子在鼻子上闻了闻,又将它扔在地上走了。

待大灰狼走远了,小白兔一骨碌爬了起来,拾起小篮子,飞快地往家跑。

师:(1)故事中,出现了几只小动物?(生手势表示)

（2）它们分别是?(生:小白兔,大灰狼)

（3）小白兔为什么要出门去?(预设:小白兔想到外面去采蘑菇)

（4）小白兔想出了什么方法对付可怕的大灰狼?(预设:假装吃了有毒的蘑菇,肚子疼,装死)

师:刚才小朋友们回答得真好!我们赶快给他们点点赞!为什么他们都能回答正确这些问题呀?(预设:因为他们听得都很认真)

师:你说得真好!老师把你刚才的话再缩短一点点好吗?就三个字"仔细听",这样更简短、更好记。听的时候不想别的事、不分心,就是仔细听。【板书:仔细听 不分心】

师:具体怎么听才能算仔细听、不分心?(预设:听的时候耳朵要竖起来,不能歪头斜脑的)

师:老师也帮你改改你刚才说的话好吗?这样看起来又整齐,又规范。【板书:小耳朵 竖起来】(学生说道哪写到哪,随机生成)我们一起来学着做一做。

师：还有哪位认真听的小朋友啊？（预设：×××，她听课的时候眼睛一直看着前方，做得很好）是啊！小眼睛也要看前方。【板书：小眼睛　看前方】

师：我们再一起试一试。（根据板书"小眼睛　看前方；小耳朵　竖起来"进行）

师总结：小朋友们真了不起，发现了那么多倾听的小秘密。快快送给自己一颗小星星。（生互动）

（设计意图：通过听故事、回答问题的方式，锻炼学生捕捉信息的能力。在问问答答的过程中，渗透课堂认真听讲不能分心的要求。从学生彼此观察同伴听故事时的表现，让孩子们自己发现课堂听课要求，树立班中小榜样。孩子们彼此模仿，互相学习。）

环节二：继思考，促改变

1. 师过渡：雯雯最近有件开心事想和大家分享，我们赶快来听听。

2. 播放录音：《雯雯的开心事》（时长 1 分 10 秒）

大家好！我叫雯雯，是二年级的小朋友。以前我是一个经常会忘东忘西的没头脑。记得一年级的时候，一天周五，我的班主任黄老师告诉我们："下周一校服要统一穿藏青色冬装，全校统一检查。"并且还作为回家作业，写在了黑板上。回到家，我把这事忘得一干二净，也没记在家校联系手册里。周一到校后发现校服穿错了，穿成了灰色外套。班级里只有我一人没穿对，升旗仪式的时候，站在班级队伍中的我特别显眼。那天，我还被老师和同学们责怪了，因为我的粗心让班级扣了分，我感到很难过。从此以后，我暗暗发誓：一定不能再这样丢三落四了。老师说的话要认真听，每天的回家作业要认真记，还一定要写完整。从此，再也没有发生过使班级扣分的事情了。

师：听完这段故事后，你有什么感受？（预设：上课认真听；作业认真记；要有集体荣誉感）

师：我们来为雯雯的转变和你们的发现鼓鼓掌。你们有没有共同或者相似的经历发生过？（学生围绕"认真倾听"后才有的改变进行描述。课堂生成，随机点评）

师：刚才两位同学说话的时候，我们不少小朋友都做到了黑板上的几条要求，非常了不起！听了两位同学的发言后，老师对他们的转变也感到很骄傲，这些都是值得我们大家去学习的地方。对于他们今天敢于分享的勇气，也应该得到表扬。我们赶快送给他们一串小鞭炮。（生互动）

瞧！现在的雯雯是这样的。（继续播放录音）

现在，我不但能自己管理好自己的学习，而且还能帮助班里其他容易丢三落四的同学，提醒他们记好作业，上课要认真听讲，成为了一名乐于助人的好孩子。因为我的改变，同学们和老师们更加喜欢我了。这学期，我还被评为了班级"学习之星"。

师总结：看来，倾听不仅能给我们带来快乐，还能让我们变得更加优秀。还记得这学期我们语文课上第七课《水妈妈的孩子》里学过的生字"聪"吗？上课总能用耳朵认真听的小朋友，都是聪明的小朋友！

（设计意图：以学长诉说自我转变为入口，继续通过树立身边小榜样的形式进行同伴亲身经历分享会，让学生知道：勇于分享、勇于改变是成为一名优秀学生的重要过程。让孩子们对照身边榜样去学习，这样才能更快、更好地改正自身的缺点。在感受倾听的快乐的同时，懂得正确认识自我并及时纠正不足，才能变得更优秀。最后回顾语文课本中学过的"聪"字，形象、直观地告诉孩子，要成为聪明的孩子需要做到的要求。低段孩子有强烈的表现欲望，他们都想做聪明人，因此，会有意识地要求自己在活动中"认真倾听"。）

环节三：动与静，懂尊重

1. 师过渡：除了在教室里上课的时候要认真听讲，操场上、体育馆里上课的时候也要认真听。

2. 播放视频:《体育课上》(约 30 秒)

体育老师在体育馆里教学生做仰卧起坐。学生认真听老师在讲话——学生举手自荐做示范——老师指导学生,其余同学认真观看——解散活动,学生分小组很开心地进行仰卧起坐练习。

师:你们从视频中发现这些小朋友是怎样听课的?

(预设:他们回答问题的时候,都是先举手的。师:是啊!我们都要先听清楚老师的要求,再举手。【板书:先举手　再发言】)

师:如果你说话的时候还没有把自己要说的内容说完,别人就突然打断你的话,你是什么感受啊?(预设:我会很难过的。因为我觉得那人很不礼貌)

师总结:是啊!我们做任何事情的时候都要考虑到别人的感受,要学会尊重他人。当你学会倾听的时候,便懂得了尊重。【板书:会倾听　懂尊重】

(设计意图:结合其他学科课堂上课情况,用视频一动一静的方式,让学生明白所有学科课堂上都需要认真听讲,懂得彼此尊重。)

(四) 儿歌齐读,朗朗上口

师过渡:我们说了这么多,老师也写了不少。快来看看我们黑板上的内容,老师来标上数字符号,这就是我们学会正确倾听的要求。我们一起跟着念一下:

板书:1. 小眼睛　看前方

　　　2. 小耳朵　竖起来

　　　3. 仔细听　不分心

　　　4. 先举手　再发言

　　　5. 会倾听　懂尊重

师引读。

师:我们再来变一变,加上音乐旋律,加上一点小动作,把它变成一首美丽的小乐曲。【板书:倾听乐之声】

157

板书: 　　　　倾听乐之声

dododo	小眼睛	看前方
rerere	小耳朵	竖起来
mimimi	仔细听	不分心
fafafa	先举手	再发言
sososo	会倾听	懂尊重

跟老师学,念儿歌。

生齐做动作,念儿歌。

(设计意图:低段学生适合通过一些通俗易懂、生动活泼的儿歌,巩固所学知识。一节课上到这部分,对于一年级的孩子来说已经开始出现疲惫,结合课堂生成资源,老师将倾听要求从递进式序号呈现转变为用儿歌形式进行行为规范训练,让学生动一动、念一念,在学中读,在快乐中巩固知识,学生不仅不会感到疲惫,而且不知不觉中自我行为对照还得到规范和强化。)

(五)课堂再评,总结反馈

师总结:今天这节课,我们知道了如何养成良好的课堂倾听习惯,明白了良好的倾听是对别人的一种尊重。下周开始,我们要根据这些内容展开"课堂倾听智慧星"评比。这就是自评要求(出示"骄阳倾听评价表")。每一栏都有五颗星,根据自己的表现进行自我评价。一周后我们评选出的班级"课堂倾听智慧星"将获得骄阳章。

板书:

骄阳倾听评价表		
课堂倾听要求	我收获的小星星	我一共获得了几颗星
小眼睛　看前方	☆☆☆☆☆	
小耳朵　竖起来	☆☆☆☆☆	
仔细听　不分心	☆☆☆☆☆	
先举手　再发言	☆☆☆☆☆	
会倾听　懂尊重	☆☆☆☆☆	

从上述几个案例中，我们不难体会到：基于学情、精心设计的行为规范教育主题班会，能有效解决学生、班级面临的行为习惯问题，并引导班级的发展方向，实效性极高。因此，学校、班主任可以将主题班会作为常态化行为规范教育过程中的一些"关键节点"。行为规范教育需要日复一日、扎扎实实、持之以恒，也需要某些关键节点。通过这些关键节点，可以对平日的行为规范教育进行集中的、深入的总结、提炼、升华，将教育引向更深的层次。很有可能，就在某堂班会课上，某个细节打动到了学生，让学生有所顿悟，从而对自身发展产生积极、正向、持续的影响。

▶ 四、实践活动

学生实践活动是校园生活的重要组成部分。每所学校都会开展各种各样、大大小小的学生实践活动，同主题班会相类似，学生喜欢的教育实践活动会成为学生校园生活的闪亮瞬间和成长过程中的提升节点。实践活动的形式追求灵活多样，有参观考察、社会调研、公益活动、春游秋游等；活动内容追求丰富多彩、符合学生特点，可以从学生学习、生活、休闲娱乐等一方面或多方面着手，拓展教育时间和空间。通过活动，学生不仅可以获得丰富多彩的实践与体验，更能从中学到基本知识与礼仪规范，掌握解决问题的方法与技能，提升道德素养和综合能力。

（一）活动中育规则意识

从活动操作层面来说,各种各样的实践活动本身的顺利开展就需要一定的规范,学生参与活动的过程就是接受行为规范教育的过程。从活动内涵层面来说,不同类别、性质的活动又蕴含着不同的行为规范教育元素。如果能系统地将学校活动所承载的行为规范教育意义进行梳理和研究,无疑具有重要意义和价值。闵行中心小学就对此进行了有益的尝试。

案例：中华传统节日活动中的行为规范教育

闵行中心小学根据中华传统节日的文化内涵、风俗习惯以及《中小学生守则》要求,提出了中华传统节日活动中行为规范教育要点,以利于在各项教育活动中落实行为规范教育,充分将行为规范教育融于生活。

学生发展目标	节日	节日文化育人价值	中小学生守则要求	践行行为规范要求		
				低年级	中年级	高年级
懂规范为人方面	国庆节 中秋节 春节	热爱祖国	爱党爱国爱人民	知道要尊敬国旗国徽,学会升降国旗时立正、行注目礼。 知道我国地大物博,人口众多,是个多民族国家,有56个民族。 会唱国歌。 了解中华民族传统节日,知道名称、来历。	了解国旗国徽的来历和含义。尊敬并爱护国旗、国徽,升降国旗肃立、动作规范。 知道我国的著名风景胜地。了解各民族的风俗,学会尊重少数民族的习俗。 会唱默国歌。 了解中华民族的传统文化以及习俗,如：茶艺、民间艺术、饮食等。	尊敬并爱护国旗、国徽,升降国旗肃立、动作规范,知道国家主要领导人。 热爱祖国的山河,知道台湾是中国的领土,维护各民族的统一。 会唱默国歌,了解词曲作者和创作背景。 主动探究中华民族的传统文化。

学生发展目标	节日	节日文化育人价值	中小学生守则要求	践行行为规范要求		
				低年级	中年级	高年级
	中秋节 教师节 重阳节	孝敬师长	孝亲尊师善待人	学会使用礼貌用语，见到老师能主动打招呼。 听从父母的教导，每天上学能与家长说"再见"，放学后能向家长问"好"。 知道长辈的年龄与属相，为长辈在节日中送一句祝福的话。	虚心听从老师教诲，看见老师能主动用尊称问好，且态度大方。 听从父母的教导，每天上学能与家长说"再见"，放学后能向家长问"好"。能为父母分担一些力所能及的家务活。 知道长辈的生日及兴趣爱好，为长辈亲手制作一份贺卡。	看见老师能主动用尊称问好，且态度大方，并努力用自身良好的表现表达对教师的尊敬。 每天上学、放学能主动与父母打招呼，关心他们的身体健康，为家庭分担一些小家务，不去网吧等不适合的场所游玩。 能为长辈在节日送一份充分爱意的特别礼物。
	学雷锋日 劳动节 重阳节	勤劳节俭	勤俭节约护家园	不浪费粮食。 在老师督促下吃好午餐。不挑食、不浪费。 懂得劳动是光荣的，会一项简单家务劳动。	懂得"一粒米七担水"的道理，节约粮食。 能主动在校吃好午餐，不挑食、不浪费。 尊重劳动者的劳动成果，坚持每天做家务劳动。	节约粮食，敢于向浪费行为说"不"。 知道浪费粮食是可耻的，做到不浪费，并能提醒别人不浪费。 懂得职业无贵贱之分，学会尊重每一位劳动者。
	清明节 端午节	有志担当	诚实守信有担当	不说谎话，借东西要还，拿别人的东西，要征得主人的同意。 答应别人的事要努力做到。	诚实守信、不说谎话、有错就改，遇事有正确的是非观念。 答应别人的事做不到时，要主动说明。	有是非观念，答应别人的事能努力做到。 能为自己确立目标，努力兑现自己的诺言。
	科技节 端午节 建校日	自信自强	珍爱生命保安全	在老师指导下，做好个人卫生。 学会爱护学校公物，保护学校环境，做到不乱抛杂物，看到纸屑就捡。养成随手关水龙头的习惯。初步培养节约能源的意识。	继续保持良好的个人卫生习惯。 学会自觉爱护学校公物，保护学校环境，能劝阻破坏校园环境的不文明现象。 了解一些环保知识，争当环保宣传小使者。	自觉爱护学校公物。能为保护学校环境献计献策。 各班成立环保志愿者服务队，主动到社区、公共场所开展环保活动。 成立环保志愿服务队，走进社区。

学生发展目标	节日	节日文化育人价值	中小学生守则要求	践行行为规范要求		
				低年级	中年级	高年级
乐学习学习方面	劳动节清明节体育节	敬业尽责	自强自律健身心	学做"两操",做到有力、动作规范。知道自己在广播操、放学路队中的位置。热爱集体,认真做好班级值日工作。到校后能立即进教室,安静就座于座位上。学会课间轻轻说话、轻轻走路。	自觉认真做好"两操",动作正确。广播操队伍、专用教室上课队伍和放学队伍有序、安静。乐意参与社会公益活动,认真完成班级小岗位工作,能主动关心班级。到校后能立即进教室,安静就座于座位上,在班干部的带领下有序开展晨间活动。课间不奔跑、不打闹,不大声喧哗,能提醒伙伴文明休息。	"两操"动作规范正确,能自觉认真地完成。广播操队伍、专用教室上课队伍和放学队伍有序、安静。积极参加社会公益活动,努力从中得到锻炼,严格遵守社会公德,不做有损于集体利益的事。认真做好小岗位工作和值日中队护导。到校后能立即进教室,安静就座于座位上,能自觉有序地开展晨间活动。课间不奔跑、不喧哗,能提醒伙伴文明休息,并能积极开展课间文明小游戏。
	元宵节读书节	好学善思	好学多问肯钻研	每天放学认真复习当天所学知识。上课开动脑筋,积极思考老师的提问。知道学习中的不懂之处,并能够求得老师、家长和同学的帮助。	注意学习他人好的学习方法,并努力实践。养成阅读的习惯,积极思考,并尝试发现、提出问题,学会解决问题。知道自己和别人的长处。学习中敢于质疑,并尝试独立用多种方法解决学习中遇到的问题。	初步形成适合自己的学习方法,并持之以恒。采用多种方式增加阅读量,扩大阅读面,培养学习兴趣,不断丰富课外知识。能与同学和老师探讨学习中遇到的问题,并大胆表达自己的见解。

学生发展目标	节日	节日文化育人价值	中小学生守则要求	践行行为规范要求		
				低年级	中年级	高年级
善交往处事方面	春节建校日	遵守规则	明礼守法讲美德	初步了解学校学习、生活的要求，做守纪律的学生。	知道并遵守学校的各种规章制度，保持成绩，知错纠错，力求不要父母和老师督促，做自觉守纪的学生。	主动了解、自觉遵守学校和社会的规章制度，以文明守纪学生为榜样，校内校外做到老师在与不在一个样。
	艺术节体育节元宵节	团结协作	勤劳笃行乐奉献	能和班中小伙伴友好相处，并学会帮助他人。在集体活动中，能够和同学们交流意见，并共同做事。能和朋友友好地相处，正确对待他人的缺点。	在老师指导下，初步知道协作的作用和方法，并能参加小队的各种活动。初步学会与他人合作，正确对待表扬与批评。能与同学友好相处，能够共同完成班级的任务。	能发表自己的观点，有明辨是非的能力，能主动与人交流信息。学会关心别人，学会与人合作，并能体会到其中的快乐。学习与他人一起做事，努力实现小队和班级的目标。

（作者：上海市闵行区中心小学 丁丽莉）

（二）活动中育责任担当

"社会参与"是学生发展核心素养中的一个重要方面。但当今中小学生的生活大多局限于家庭、学校中，对现实社会生活缺少感知、体验和参与的机会。通过形式多样的社会实践活动引导学生关注社会、开阔视野，有利于他们从更高的层次、更深的角度去理解规范内涵，体验规范的形成是社会生活的需要，从而改变自己的精神世界。

——以"地铁博物馆＋地铁车站"为例

社会公共生活是人们在公共空间里发生相互联系、相互影响的共同生活。社会公共生活讲求公共秩序，基本手段一是法律规范，强调他律；二是道德规范，强调自律。当法律规范无法施行时，道德规范就应发挥作用。如今，学生有多种方式可以进入公共生活，如到超市购物、到剧院观看演出、到博物馆参观、乘坐轨交出行等。与之相应的，作为教育者，需要思考如何促进学生良好社会公共规范的养成。

一、聚焦问题，以"地铁博物馆＋地铁车站"为例的公共规范教育实践

上海地铁四通八达、低碳环保，乘坐轨交出行已经成为许多市民的首选，地铁车站、地铁候车厅、地铁车厢是极为典型的公共场所。以往，我们更多地关注发挥场馆的育人价值。其实，"乘坐地铁"的过程，何尝不是一个生动的社会大课堂呢？学生乘坐地铁去参观，在场馆内是否遵守了场馆公共规范？学生乘坐地铁出行，在地铁内行为是否规范，有没有打扰别人？带着这一系列思考，我们开始了教育实践。

（一）观察现象，呈现问题

为了解在地铁这一公共场所中社会公共规范的现状，我们下发了观察表，请三、四、五年级学生用眼睛去发现，并记录下观察到的现象。当局者迷，旁观者清。当学生作为一个观察员时，许多自身存在的问题也被一一发现了，学生们纷纷自嘲"我也会这样子做的"、"我的爸爸也是这样子的"。此刻有顿悟，观察即教育。经过汇总，我们发现问题主要集中在以下十项地铁公共规范：自觉购票进站、主动配合安检、上下电梯安全、候车等在线外、先下后上有序、车厢保持安静、言行举止得体、帮助弱势群体、车厢莫吃食物、提前准备下车。

（二）筛选资源，聚焦问题

三年级是学校快乐小队活动的起始年级，我们以该年级为重点研究对象，组织开展实地采访行动,寻找亟待突破的问题。学生来到学校附近的9号线合川路站,通过现场观察,发现不配合安检的人为数不少。虽然工作人员耐心地举手示意,但是依然有人置若罔闻。

学生们又来到学校附近的上海地铁博物馆。通过采访,了解到了国内外地铁实施的最严禁令,如新加坡地铁内严禁吃喝,包括矿泉水和开水,甚至老人、幼童及孕妇也不能喝开水;在我国,北京、西安等地拟立法禁止地铁内饮食,但始终处于草案阶段,未在真正意义上执行。从家长辅导员的活动评价单来看,学生乘着地铁出行,到场馆开展实践活动,在场馆的文明礼仪好于在地铁的文明礼仪。尤其是车厢内说个不停的情况,令家长辅导员头痛不已。

经过反复的资源筛选,最初的十项地铁公共规范问题保留了"主动配合安检"、"车厢莫吃食物"、"车厢保持安静"三项,并最终聚焦到"车厢保持安静"这一社会公共规范方面的问题。

(三)主题班会,解决问题

怎样帮助孩子们解决乘坐地铁保持安静这个问题?需要设计哪些环节及内容?以三(4)班为例,他们以主题班会为载体对这个问题进行了探究。班会课上,张老师从家长的一则微信导入,展开"车厢内开小会好吗?"这个话题的讨论。通过情境再现、生活体验、出金点子几种形式,促使学生在思维的碰撞中提高辨析与判断能力;通过中外地铁车厢法规的对比,再次聚焦地铁小小的车厢,热议社会公共规范,从而完善班级出行公约。

(四)创编童谣,传唱规范

三(4)班的主题班会完善了学校以往制定的出行公约。那么,其他年级的学生在乘坐地铁时,又该如何遵守"车厢保持安静"这一社会公共规范呢?对此,我们专门创编了行为规范童谣,目标清晰、年段递进,并且注重内涵与外延的挖掘。

一年级：上海地铁真便捷，出行方便又环保。车厢是个公共地，大声说话惹人嫌。若是急事打电话，轻声细语莫喧哗。乘坐地铁需安静，国际都市新名片。

二年级：纵横交错地下网，城市旧貌换新颜。上海地铁真便捷，出行方便又环保。车厢是个公共地，大声说话惹人嫌。若是急事打电话，轻声细语莫喧哗。亲朋好友要交流，交头接耳悄悄话。乘坐地铁需安静，国际都市新名片。

三年级：乘着轨交去参观，带着问题去探究。小队活动出发了，乘坐地铁需安静。车厢不是聊天室，车厢不是会议室，妨碍他人不礼貌，静静休息出行礼。公共规范要遵守，国际都市新名片。

四年级：乘着轨交去参观，带着问题去探究。小队活动出发了，乘坐地铁需安静。音乐视频静音式，看书看报轻翻阅。拥挤谦让降火气，静静休息出行礼。公共规范要遵守，国际都市新名片。

五年级：乘着轨交去参观，带着问题去探究。小队活动出发了，乘坐地铁需安静。音乐视频静音式，看书看报轻翻阅。拥挤谦让降火气，静静休息出行礼。若是急事打电话，轻声细语莫喧哗。来电不急请告知，我乘地铁稍后回。公共规范要遵守，国际都市新名片。

行为规范内容繁杂，对于小学生而言，存在记忆和执行的困难。朗朗上口的童谣，便于理解，易于记忆。童谣不仅聚焦礼仪规范，还与《中小学生守则》其他要求融合，如"纵横交错地下网，城市旧貌换新颜"契合了《中小学生守则》第一条"爱党爱国爱人民"，又如"上海地铁真便捷，出行方便又环保"契合了《中小学生守则》第九条"勤俭节约护家园"。

（五）走出校园，践行行为规范

通过孩子们的口，一组"乘坐地铁保持安静"的童谣传唱进了家庭。童谣传唱至家庭,家庭出行有公约;童谣传唱至地铁,广泛宣传入人心。通过实地吟诵、张贴宣传画等形式,更多的人参与到了践行社会公共行为规范的行列之中。心有规范,行守规矩,我们欣喜地看到,"乘坐地铁保持安静"这条社会公共规范由一个班级,辐射到一个年级,进而推广至全校,随之带动的还有更多人对于其他社会公共规范的遵守和践行。

二、社会大课堂,促进社会公共规范养成的行为路径

美国教育家杜威提出"生活教育",指出除了通过学校生活及各科教学来对学生进行道德教育外,更应注重社会实践,让学生直接参加社会生活,让他们在社会生活中受到应有的道德训练。以"地铁博物馆+地铁车站"为例的教育实践,与现代生活方式紧密结合,给予教育者许多有益的启示:学习社会公共规范不仅可以在学校课堂,也可以在博物馆大课堂;践行社会公共规范,不仅考验家长的意识,更是考量孩子、家长一次次在公共场所的亮相。

(一) 问题来源于生活,利于学生认知

学生通过现场观察、实地采访、对照自身的言行,最终发现问题。一个个问题不是老师告诉学生的,而是他们自己发现的。通过主题活动,引导学生体验感悟,更利于学生认知,从而实现思想引领。变"要我这样做"为"我该这样做",达成被动走向主动的转变。

(二) 问题聚焦于行为,利于学生践行

社会公德的主要内容包括文明礼貌、助人为乐、爱护公物、保护环境、遵纪守法等。主题班会"乘坐地铁保持安静"关注文明礼貌中的一个问题,以"乘坐地铁保持安静"这一行为为重点训导内容,综合运用家长微信、情景再现、声音体验、编写儿歌、中外对比等形式,充分调动学生的各种感官,让学生通过换位思考来反思、实践,通过丰富的形式达到教育目标。主题活动始终遵循行为规范内化的原理,促进学生对待规范的态度从被动遵守走向主动建构。

(三) 目标呈现接地气,便于面上推动

行为规范教育的目标强调依据实情、螺旋上升,推动学生道德成长,合理把握行为规范教育的内涵与外延。无论是《中小学生守则》还是市区两级出台的行为规范指标，其内涵都未涉及地铁出行这一细节。我校结合校情，形成一至五年级"乘坐地铁需要安静"童谣，既是一套完整的目标体系，同时又注重传统性与时代性相融合。

在社会大课堂中，践行道德规范教育，其最大的价值在于行为规范与实践体验的深度融合，实质性地促进社会主义核心价值观教育常态化。以社会大课堂作为社会公共规范教育的大支撑，纵向上打开了育人视野，充分发挥文化育人的效应；横向上打破了学校与社会的边界，可以赢得更多的社会支持系统。

（作者：上海市闵行区虹桥中心小学　张　怡）

案例：在志愿实践中自觉，在体验感悟中超越

《中国学生发展核心素养》指出学生要"热心公益和志愿服务，敬业奉献，具有团队意识和互助精神；热爱并尊重自然，具有绿色生活方式和可持续发展理念及行动"。培根说，"习惯之养成就是教育"，习惯渗透在一个人的思维、语言、行为等个体的行为中，其个人的需求、意志、品德、爱好等素质素养状况都是通过外显的行为习惯来表现的。行为规范的教育一直是我校以德育人的主要途径之一，怎样有效提高行为规范养成教育的科学性和适切性，我们一直在不停地努力实践探索中。基于我校的校本实际状况，近几年来我们在"以志愿实践活动涵养学生行为规范"的途径中做了一些探究和尝试，取得了一些成效和特色经验。

一、以志愿实践活动涵养学生行为规范的现状

1. 志愿实践活动育人价值不断深入，志愿实践活动格局逐渐成熟

志愿活动的开展在我校有着近20年的历史，在多年的实践和思考中，以志愿活动为载体对青少年实施教育的理念和手段不断地被刷新，对志愿活动本

身所具有的教育价值的挖掘也不断深入,从最初的劳动锻炼、劳动技能的培育,到公益活动、环保意识的培养,从课外活动的丰富、生活体验的充实到今天行为规范的历练、核心素养的培育,都是基于志愿活动的实践性、体验性、开放性、超越性的特质和学校志愿实践活动开展的实际在不断地推进和深化。其过程中的手段、方法、运作模式在不断地更新和发展。目前,学校的志愿活动已有了较为成熟的格局,形成"一二三四五六"志愿特色项目的总体格局——一种文化"志愿文化"形成;二种管理制度的完善;三个实施层面"班级——年级——校级";四个常规岗位"浦江打捞志愿岗、交通安全志愿岗、助老助残志愿岗、绿色宣传志愿岗";五类主题志愿活动"捐、卖、助、献、捞";六项活动保障原则"规范化、制度化、主题化、系列化、课程化、常态化"。

具有以下 10 项特点:

(1)志愿活动参与面广,基本覆盖全体师生,人人都是"友爱蓝"。

(2)志愿活动内容丰富,包括捐、卖、助、献、捞常规活动和一些临时活动。

(3)有固定的志愿岗位设置,校园内有校园志愿体验岗,校外有浦江打捞志愿岗、交通安全志愿岗、助老助残志愿岗、绿色宣传志愿岗等。

(4)有固定的社会参与志愿服务场所,如吴泾公园江边、敬老院、阳光之家、社区、菜场、残疾人士家中等。

(5)有严密的实践方案,活动有前延后续。

(6)活动有"六化"——规范化、制度化、主题化、系列化、课程化、常态化的保障原则。

(7)有各种专属的志愿文化标识,如志愿精神、志愿口号、志愿者之歌、志愿 logo、志愿服装、志愿旗帜等。

(8)形成特色的校园显性和隐性志愿文化,志愿元素在校园里随处可见。

(9)学校志愿活动区域辐射和影响力很大,对区域志愿活动有带动与引领的作用。

（10）与区域志愿联盟、大学校园志愿者、社会公益团队有互动式关联,助人自助效果明显。

2. 志愿岗位的设置和志愿实践活动的开展

目前学校志愿者活动实施的格局已经形成。浦江打捞岗基本每周一次,由八、九年级各中队自主认领活动任务,自主设计活动要求,自主实施活动过程,自主宣传总结活动;交通志愿岗时间是每周五下午16:00—16:45,大值周班级全体参与,教师党团员志愿者协调组织管理,因考虑到安全问题目前的岗位地点仅设在剑川路虹梅南路路口;助老助残岗由六、七年级各中队走进社区、敬老院、阳光之家等自主开展;绿色宣传志愿岗主要是针对六年级同学年龄较小的特点设计,他们利用周末和假期走上街头、走进社区宣传低碳环保、文明礼仪、保洁护绿等知识。目前开设的“文明创全志愿岗”应聘人数最为火爆,自主设计的各种活动也是层出不穷,除了街头宣传、护理创全标志、分发“美美好好”等,最有创意的莫过于六年级组开展的“创全1＋1＋10牵手”(一位队员带动一个家庭,影响十位亲友)活动,每位志愿者队员分发10张创全协议书(妈妈负责分发给两个闺蜜,爸爸发给自己的两位好朋友,爷爷奶奶负责分发给自己的三位牌友),并对协议书上的文明10条做调查,跟踪反馈。

在活动的整体预设上做到重心下移,除常设固定志愿岗位外,各班级、各中队又拓宽志愿服务的渠道,自寻服务对象。构建了一个开放预设,自主实施“人人都是志愿设计者”的新局面。

比如“友中号志愿者交通安全志愿岗”,除了在路口的执勤疏导以外,还针对交通违规等不文明现象设有丰富的宣传活动,自2015年2月以来先后开展的活动有:针对黑车盛行开展的“黑车say no”活动;针对PM2.5尾气空气污染开展的防霾活动“walk to school”活动;针对车窗抛物开展的“别丢了你的文明”宣传活动;针对小区车辆乱停乱放开展的“我的车,我的路”宣传活动;协助吴泾镇文明办制作宣传“五违”录音材料;最有特色的还是在交警五中队宣传科马警官的指导下开展的"1 + 1 + 10 交通安全整治宣传活动",即一个志愿队员带动一个家庭,影响 10 位亲友的交通安全宣传活动。

3. 拉长志愿活动的流程,在活动的前延后续中寻求养成教育的育人新契机

每次开展的志愿活动都注重活动的前延后续,每次活动做到定时间、定人数、定活动内容;活动前有倡议、有宣传,活动过后有总结、有体会、有评价、有表彰;对下次活动有计划,保障活动的连续性。在这些已有的经验制度运作体制的基础上,为实现在志愿活动中使学生德行双修、涵养良好行为规范习惯的课题研究之目的,我们经过深入的讨论和观察,决定再次拉伸活动的前沿和后续。在活动开始之初,要针对活动的不同性质,对参与的志愿者进行必要的培训,使之明白本次的志愿活动要求志愿者具有什么样的基本条件和特别素养,重申志愿公约和志愿纪律,以及不同志愿活动对志愿者在实施行为时的动作、语气、态度、方式等层面的不同要求。在活动之后,要书写感悟和体会,记录下自己从事本次活动的真实感受,对具有代表性的较为深刻的体悟,组织大家在三级层面(班级、年级、校级)做经验分享展示。对历次活动中表现出色的个人或团队予以宣传表彰,真正让学生在志愿活动时"乐"在其中、"得"在其中、"悟"在其中、"长"在其中。

4. 以课题的研发、课程的编创为学校实现志愿实践活动育人价值的推手

以志愿者实践活动涵养学生行为规范的研究是学校的一件重要工作,为追求其科学性和适切性,学校实施了系列的课题研究,包括区级课题"在志愿活动中培养初中学生社会公民意识的探究"、区级课题"学校志愿者校园文化建设的探究"、区级重点课题子课题"在志愿活动中涵养学生行为规范的探究"等,这些都为志愿实践活动提供了基础的数据和理论依据。编创校本教材《从志愿走向未来》,使得后续行为规范教育有了更有力的推进抓手。

二、志愿实践活动的开展对学生行为规范培养的促进作用

1. 认知的超越——对外界认知、自我认知的超越

《中国学生发展核心素养》中提到"学生要具有能正确认识自我、评估自我的能力"。开放的教育环境的设立必将引起学生对自我认知的超越。志愿活动有其自身的"体验性、生成性、情境性、超越性"，在志愿活动中，不管是去做环保、助老、宣传任何一类的志愿活动，学生都能在"情境中"生成新的体验，完成新的超越。前不久，我们组织六年级的学生前往敬老院慰问老人，虽然老师们有提前的活动指南，但孩子们还是在一楼的房间里表现不佳，因年龄小、没有经验，在面对老人时显得语无伦次，只是简单地把水果糕点往老人怀里一塞，就赶紧走开了。孩子们显然对自己的表现不满意，自发地开始讨论："你给老人说什么了？""你们怎么送的水果？""祝你身体健康，节日快乐。""爷爷奶奶好，请你保重身体。""请你吃水果。"在之后的慰问活动中，孩子们就显得从容、自然、得体多了。在活动结束的时候，孩子们混在老人堆里说说笑笑，老人脸上挂着微笑，孩子们脸上充满了自信，有的孩子甚至还学着灰太狼的语调说："我还会回来的。"在参加完打捞垃圾的志愿活动后，有位队员写道："看来打捞还是有一定的技术含量的，我竟然不能用这捞杆捞起眼前的漂浮物，我对自己今天的表现很不满意。"

当前国际国内志愿活动的开展风起云涌，从世界级大事奥运会、世界杯、G20，到吴泾区域级志愿活动，再到学校级各种志愿实践活动，志愿者们的身影无处不在。我们在和"仁渡海洋环境研究中心"志愿组织做联盟互动的时候，一起乘船到近海、内河水泊做过垃圾整理和分类的志愿活动，参加活动的队员们对他们从未接触过的领域表现出极大的兴趣；在做"外来物种的侵袭"环保课题研究时，志愿者们兴趣高涨，随指导老师走遍浦江两岸，采集各类植物标本，对"一枝黄花"这种外来植被的由来，做了认真的研究，甚至有队员提出要去它的发源地考察的想法。这种对世界格局的了解，对世界认识的扩大，在思想意识

领域大大改变了队员们已有的视域视界，必将在其成长的道路上使其思维豁达，更富有创造力和生命感。

自我认知、自我评价的超越会唤醒孩子们的自觉意识，然后会化为一种自主发展的能力，让他们在实践中不断规划自己、修正自己。外在表现就是语言丰富且美，行动从容且文明。内在品质就是友善、宽容、接受、进取，这些品质正是构成学生核心素养的组成部分。

2. 意志的超越——对自我意志的超越

中学生年龄小，对于生命的意识和认识如果不放在特定的情境里，是很难得到锻炼和培养的。中秋节、重阳节前后，我们组织了学生对敬老院里的老年人、居家的残疾人、老红军等进行志愿慰问服务、探访活动。活动后的感触描述中，很多孩子提到敬老院年岁高的老人生命的丰富和顽强、残疾人叔叔克服种种困难的艰辛和坚持、老红军战士当年不惜生命浴血奋战的英雄气概等，这些对苦难的体验和认同，是他们在课堂上无法直观体验和感受到的。现阶段，青少年多生活在家庭重重呵护之下，远离苦难的生活经历，他们难以感受他人的苦难，把这种苦难磨砺往往看成与自己的存在毫无关系。志愿活动所提供的这种体验，让他们能在"学会关爱"的同时"学会坚强"，提高抗挫能力，在直接面对困难、痛苦、不幸、悲剧时，在精神品质上激发出更强的生命力，使生命更加有韧性、有张力，更加乐观，努力向上，拥有真正意义上的健康生活。

3. 情感的超越——家园意识的确立

家园意识实际上是一种责任担当的表现，是由归属感衍生出来的，其背后的核心要素是责任意识。它包括两个层面的意思：物质家园意识的确立（归属感）和精神家园意识（未来性）的建构。当代学生核心素养的论述中对学生的自主发展和社会参与做了具体的要求，家园意识正是在这个基础上培育出来的对他人、对自然、对社会的"个人感情"的升华。在志愿环保"U 优社团"的浦江水质调查的取样实践活动中，我们的队员走过浦江七座大桥，历时 2 个月，在华东师大大学生志愿者的帮助下最终顺利完成调查报告。活动结束以后,队员们的自豪、自信跃然脸上,俨然成为保护母亲河的功臣。他们会为浦江水质的污染而担忧,会为如何改善水质冥思苦想,会为了浦江的清洁而欣喜。这种实践活动带给他们的不仅仅是一个志愿项目的完成或者说是某种能力的锻炼和培养,在他们的内心深处对浦江的感情也在升华,会产生"浦江是我的"这种归属感,以及"我可以让它更美好"的责任情怀和家园意识。

浦江打捞是我们志愿团队每月的"必修课"。每次的打捞活动都会得到路人的好评,有时还会有市民即兴参与进来。有一位年轻的妈妈指着志愿者们对自己的孩子说:"他们都是三好学生。"有路过的战士参与打捞后说:"我们要向你们学习。"江边锻炼的老人说:"浦江里的垃圾比以前少多了。"……这些来自现实生活的"教育"力量是课堂远不能及的,这种社会对个体的认同,必将对我们的教育受众产生深远的影响,会使学生明白"生活因我而有意义"、"我对于生活是有意义有价值的"。在活动后的总结中,有的队员写道:"做有意思的事很快乐,我要多做。"

学校交通文明志愿岗的设立已经有两年多的时间了,针对区域"创全"开展了"1+1+10交通安全整治宣传活动"。这些活动的设置和开展都是学校常规志愿活动以外的内容,学生们的这种自主设计、自主实施的志愿行为背后起到支撑作用的就是一种家园意识,"我的家园我来建设"的责任担当意识和社会参与意识。

这种精神家园意识的确立会延伸到学生生活的各个领域,迁移到他们的学校生活和居家生活中来,使他们对待学习更加努力钻研,对待家庭少些乖张与索取、多些付出,会让他们用主人翁的责任心和积极进取的心态作为今后生活中的主流态度。

4. 行为的超越——润泽生命、担当使命、内化于心、外显于行

当代学者黄克剑把教育的境界分为三个层次:传授知识,启迪智慧,润泽生命。基于培养学生核心素养的学校志愿活动教育,试图担当起启迪智慧、润泽生命的使命。学校以志愿实践活动开启学生主动成长之门,使学生在这种亲

174

身实践中,把对生命存在的深刻体验内化为健康的心理品格,转化为良好的行为习惯。这是一个认知的过程、情感升华的过程。这种教育方式突破了传统的对于受教育者的道德建设、行为规范的培养教育的手段和方式,改变了以往单一的控制、命令、模仿式的教育运作模式,遵循着"体验性、生成性、情境性、超越性"的原则,将其在"知、情、意"领域所产生的"体验、生成、超越"作为"终身发展和社会发展需要的必备品格和关键能力",作为"行"的准则和指南体现在现实生活里。

三、志愿实践活动的开展拓宽了学校行为规范养成教育的路径

行为规范的养成教育实际上是将"知、情、意、行"融会贯通后,达到"知行合一"的教育过程。为追求行为规范教育的科学性和适切性,基于学校的志愿实践活动的实际情况,我们对行为规范教育的内容做了扩充,在文明礼仪、文明行为养成的基础上把当代学生应该具有的人文素养、生活态度、自我评价、心理品质、思维趋势、价值趋向等基本素养都作为养成教育的主要内容。以志愿实践活动为特色的行为习惯养成教育路径是"实践——体验——自觉——自律",学生行为规范养成的心理发展途径是"体验——意识——觉醒——改变",其心理状态特点是主动接受、有内驱力、有改变的愿望、有改变的规划方向。

华东师大叶澜教授说:"人是历史性的,是不断向无数可能性、向未来去自我筹划的存在。任何外在的力量都不能造就人,只有人自己才能造就自己","教育对个体生命的精神潜能唯一可做的就是'唤醒'"。而这种"唤醒"一旦实现,其表现出对个体生命的影响力和教育力必将是巨大的、本能的、持久的。以志愿实践活动来涵养学生行为规范的养成教育探究的过程正是这种"唤醒"的过程,依托学生在志愿实践过程中的自觉,完成其心灵深处的体验和感悟,在这种思想意识的超越中,可以实现行为习惯从被动接受到主动建构的转化,从而实现行为主动规范、达到主动成长的教育目的。

(作者:上海市闵行区友爱实验中学　葛东成)

从上述几个学生实践活动案例中，我们能够看到学校高位的育人视野。通过实践活动的载体，教育者可以倾注的教育智慧是无穷的，学生可以收获的成长养分也是巨大的。更为重要的是，行为规范养成教育不是刻板划一的，更不是冰冷强迫的，内涵丰富的实践活动，使得行为规范教育尽显其趣味性、灵动性、人文性，散发着对学生的吸引力，从而能收获更好的教育效果。

五、班集体建设

班集体是学生成长最直接、最重要的影响源之一。班集体要对学生发挥积极影响，就必须在班主任带领下进行班集体建设，使之成为一个健康的成长环境。因此，建设班集体，既是班主任的教育目的，也是进行教育的手段。班集体的建设过程，也是师生共同成长的过程。班集体有利于学生集体精神的形成和良好个性的发展，通过班集体活动和同学间的交往，学生们不仅可以积累集体生活的经验，发展自己的志趣和爱好，而且可以学会合作、学会交往，从而促进良好行为习惯和道德品质的形成。班集体还有利于培养学生的自主精神，班集体是全班学生的公共空间，有统一的规章制度、权利和义务，其中每一个成员都必须学会管理自己、教育自己、调控自己。

班集体建设和学生行为规范教育两者是可以相互促进、相得益彰的。班集体建设中一定包含着对班级学生的行为规范教育，行为规范教育又一定会促进班集体的建设和发展。以下选取了两个案例，分别是从学校角度谈如何整体推动全校的班集体建设，从而进一步深化学生行为规范教育，以及从班主任角度谈如何以特色班集体建设为抓手促进学生行为规范的养成。

> **案例：一班一特色，每日一进步**
>
> "一班一特色"活动是我校为初中生行为规范训练而独创的特色活动。活动充分尊重学生意愿，通过班级特色行为规范创建，有针对性地将初中生行为

规范训练落"小"、落"实",以"微"目标为导向、"微活动"为载体、"微评价"为反馈,重在做"实"日常小事,帮助学生树立自信,实现学生自我教育,帮助学生养成良好的行为习惯和学习习惯。

一、以点到面,"微"目标撬起大能量

(一)确立能实现、可考核的"微"目标

建校初期,虽然我校先后出台了《学生行为守则》等,但是,实践效果不佳。学生调查问卷显示,对于小学时已经了解的行为规范教育内容,再次通过讲授、默写、检查扣分等方式加以强化让孩子们十分厌烦。于是,从真实校园生活出发,学校遵循 SMART 原则,通过班级创建特色小目标,调动学生的积极性和主动性,发挥目标导向功能,想方设法挖掘学生的"源动力"。

具体实践中,我们相信学生是有潜力的,鼓励学生每天进步一点点,一步一个脚印。于是,教师、家长和学生一起制订进步"微"目标,找准进步点,引导学生达成每天、每周、每月的进步目标,力争让每一个学生得到最大程度的发展。就这样,《中学生守则》的内容和学生真实的生活情境相结合,通过日积月累,逐渐养成良好的行为习惯。学生确立的每天进步"微"目标有见到老师问好、晨跑不掉队、作业准时交、背诵出多少单词等,这些具体的行为规范训练,只要稍有恒心毅力就能达到。每周的进步"微"目标有上学不迟到、作业全对、坚持每天拉单杠锻炼等,每月进步"微"目标有所在进步小队胜出、成为光荣的进步之星等。这些能实现、可考核的"微"目标立足学生的真实生活,让学生在每日点滴历练中、在行为规范训练感悟中,将行为规范教育内容逐渐内化为自觉的行为习惯。

(二)建立特色班级共同进步的"微"目标

马卡连柯曾说:在集体中,通过集体而进行教育。通过调研,我们发现初中生拥有极强的班集体荣誉感和集体归属感。"一班一特色"活动立足班级,发动班级全体学生共同合作参与,形成班级特色,发挥了集体的积极作用。

孩子们在参与活动的过程中,从建立特色班级共同进步的"微"目标、策划"一班一特色"的特色项目,再到具体实施,直至最后目标达成,也是追求共同进步和班级价值目标认同的过程。通过"一班一特色"特色班级创建,孩子们提出了自己班本化的"一班一特色"创建"微"目标,共同营造"你追我赶求进步"的班级良好氛围,力求达成集体共同目标和愿景的实现。

年级	一班特色	二班特色	三班特色	四班特色
六年级	进步小队点"赞"赛,作业字迹无涂改,答题规范我行动。	进步小队点"赞"赛,十秒钟整队快、静、齐。	进步小队点"赞"赛,铃声起一分钟,桌面坐姿都OK。	进步小队点"赞"赛,每周摘抄我坚持。
七年级	班级男生女生无相互嘲讽,晨跑锻炼赛一赛。	学习比赛规则,练好羽毛球,男女竞赛,热爱运动。	友好交往,从主动问候同桌做起,相互交往,互相帮助。	每日一阳光寄语,学会以正确方法宣泄压力,化解心中矛盾。
八年级	试卷每周一分类,师徒结对共整理,互帮互助齐进步。	勤记笔记勤思考,记好笔记共进步。	每日一题必搞懂,互帮互助有进步。	今天订正今天毕,师徒结对有效率,齐心协力共进步。
九年级	每日钻研一道题,两两PK,互相鼓励,每日学习一进步。	每日一提问,每日一释疑,两两PK,共同进步。	两两PK,每天订正百分百正确率,每日学习共进步。	两两PK纠错题,每日学习有自省。

如上表,"微"目标以点到面,撬起学生发展的大能量。通过实施创建"一班一特色"专题式教育,开展有针对性的行为规范训练,使学生个人目标和集体的团队目标融为一体,运用目标管理,激发个体完成目标的热情,以目标激励自己,从而启发学生变"被动"为"主动",激励学生养成良好的行为习惯。同时,管理规范在活动中逐渐内化为学生的内在需求,而且也在一定程度上增强了班级的凝聚力。

二、实践体验,"微"活动汇聚众能量

空洞的说教对行为规范教育收效甚微,切实有效的行为规范训练重在行为引导。结合"一班一特色"创建活动,学校通过"微"队会、为好友点赞"微"广播等"微"活动汇聚众能量,将习惯养成渗透于集体意识建构等过程之中,关注学生体验、感悟和实践,引导学生主动发展和自觉实践。

(一) 建班育人,身边人讲身边事

集体蕴含着巨大的教育潜能,结合"一班一特色"活动,各班从班级特色出发,开展了"每日一总结,每日一进步"等一系列切入口小、实效性强的"微"活动。

活动实践中,各班通过"我的班规我做主"的特色班规制订、"夸夸我的亲"微队会、进步小队点赞、为好友点赞"微"广播、师徒结对等"微"活动,广泛搭建实践平台,充分发挥学生在自主管理、自我教育、自主发展方面的作用,让学生成为自己道德发展、行为规范的主人,营造一个进步文明的集体氛围。

活动中,学校以"说说一班一特色,赞赞我的班"为主题开展了班级文化展示评比,班主任和同学们通过演讲、多媒体等"微"形式呈现了各班的班级文化建设。各班以"一班一特色"为切入点,通过"一平米、保洁净、我行动"、"铃声起,班级静"等创建展示,贯彻了"规范涵养品质、品质引领行为"的德育工作理念。同时,学校还从教师层面组织了"一班一特色"的教师"微"论坛。论坛会上,教师代表分别从年级组、大队部、班主任工作等不同角度与大家分享了自己的做法和收获。如六(1)班、六(2)班从"两分钟预备铃"和"桌椅时刻齐"谈起,内容翔实,具备推广性;六(3)班和六(4)班从"十秒钟整队"和"眼保健操"入手,日常工作到位,分析角度独特。活动结束后,学校信息处及时制作通讯稿,通过校园微信、校门展示屏等广泛传播,让家长们同步了解活动内容。重在实践体验的"一班一特色"微活动,汇聚众能量,引导学生不断设立近期可以达到的努力目标,感受努力后达到成功的喜悦,在不断进步中树立信心。

三人行,必有我师。孩子们在集体中合作学习,在集体中进步成长。学校将行为规范训练回归学生的真实生活。升旗仪式、六一圆梦活动中,请身边人讲身边事,鼓励学生不断追求至真、至善、至美。于是,小学里从未担任过光荣升旗手的学习困难生,因为他学习习惯的点滴进步,小队同学推荐他担任光荣升旗手,代表优秀小队上台领奖。这位同学写道:"我从未做过光荣升旗手,这次我们小队为了我,制订的目标是上学不迟到。虽然有时早上想偷懒,但小队的协作精神鼓励着我。经过一段时间,我发现早上准时到校也不是那么困难,只要管住自己,对自己狠一点就可以了。今天能够上台领奖,我很激动,感觉美梦成真。"

(二)新班主任开展班级建设的有效突破口

班主任工作千头万绪,我们学校新班主任多,年轻班主任不知道如何选择突破口来抓班级建设,而学校提出的"一班一特色"创建工作,恰恰引导新班主任围绕学习习惯和行为习惯,将德育管理落到实处,落到细处。

各个班主任选择的班级特色创建点既小又可测,同时以行为规范训练中真实情境的实践问题解决作为班主任校本培训的出发点和创生点,使班主任角色由"被动参加型"过渡到"自主参与型",提升班主任建班育人能力。

师生的智慧是无穷的,各班出现了"十秒钟整队"、"地面时刻净"等非常鲜明可测的班级特色,在创建看似难度不大的班级特色中,学生良好的习惯、班级的凝聚力以及好的班风也在班级特色创建中慢慢形成。同时,年轻班主任知道班级管理可从哪些方面抓起,对学生的关注愈发细致,班主任工作也由点及面,逐渐得心应手。而以班主任交流为主的"微"论坛,重在对特色班级创建活动中遇见的如学生手机管理、午餐如何"光盘"等所谓的真实"小事"开展讨论,将这些小事做细、做实,解决班主任工作困惑,提升班主任工作能力。

(三)启发自觉,"微"评价激励正能量

教育是一种灵动的生命,行为规范教育同样如此。在我校校长影响下,学校大力开展"赏识教育",聚焦班级特色,开展切实有效的初中生行为规范训练,逐步构建递进式团队进步评价体系,启发学生自觉,鼓励孩子每天进步一点点。

行为规范训练难在坚持。如何让孩子们每天坚持,真正达到"每天进步一点点",同伴的鼓励和帮助最为有效。七宝三中"一班一特色"的进步点赞评价以小组为单位,每组由水平不等的学生组成,考核采取以小组为单位的团队式评价,让每一名学生在集体中进步、在集体中成长。每天小组成员获得一定数量的赞,当"赞"点累积到目标值,可获得心愿卡,达成自己的心愿,如"我和班主任赛乒乓"、"导师有约,共进午餐"、"免作业"等,这样,每学期的行为规范之星、进步标兵自然而然也就自动生成了。孩子们在团队合作中不知不觉地进步了,学校的递进式团队进步评价体系也逐步构建。

同时,小队进步点赞活动记录了同学们在"一班一特色"创建活动中的成长闪光点。学校以点赞为评价激励手段,记录了学生在成长道路上的进步和闪光点。教师一个点赞的肯定,"学生电子成长档案"上一句鼓励的评价,能让学生感受到老师对他的期待和关心,也能让家长感受到教师对学生的关爱。我们的"微"评价不是追求给学生下一个精确的结论,而是重在关怀学生发展,启发学生自觉,鼓励学生更好地自我完善。

中学阶段是学生形成终身习惯的重要时期,我校"一班一特色"活动着力开展切实有效的行为规范训练,对学生的习惯养成有明显的促进作用,并具有一定的稳定性和持久性。一个小小特色,牵动的是一种观念,改变的是一个习惯,带来的是一种文明。一班一特色,每日一进步,期盼"一班一特色"活动成为七宝三中学子初中阶段学习生活最美好、最难忘的记忆。

(作者:上海市闵行区七宝第三中学 仇安珍)

案例:目标管理下的班级民主化模式初探

何谓"班级"? 荷兰文艺复兴学者艾拉斯穆斯从人本主义出发,首次提出了构建以人为中心的班级教育设想。可见,班级的构建不论从教育目的还是管理方式上都需要以学生为中心,激发学生的自省自律、自求发展。构建民主化的班级是激发学生自我效能、提升班集体凝聚力和竞争力的理想模型。

一、缘起：迷茫的个体与散沙的集体

曾经，我作为一名刚入教坛的班主任，怀揣着人本主义的理想，希望能以一腔热忱带出一个"放牛班的春天"，但是，丰满的理想总易遭受现实的打击。受大家普遍认可的班长在连任了两年后哭着找我，说她要辞职。为什么呢？一个字：累。

这让我不得不审视班级管理中其实早有端倪的问题：班长的"累"从表层因素来看是高三了，不知道如何兼顾学业和班级工作，而从更深层次来说，却是团队的民主参与度不够，大多数学生秉着"肉食者谋之，又何间焉"的观念袖手旁观。少数班委带着如一团散沙般的团队试图完成一个又一个任务，于是，班级常规管理消磨了班委的热情，重大活动的组织成为班委的心事一桩。

作为一所有着悠久历史的沪上传统市实验性示范性中学，学生何以呈现这样的姿态？

从中考的选拔来看，我们招收的并不是最顶尖的学生，中考成绩的背后是学生学习与生活中更多被动的接受而非主动争取。看似有一定目标和能自主学习的学生，实则没有具象的自我期待，对于个体发展的具体方向和要求是模糊的，甚至是迷惘的。在团队中，没有明确发展需求的个体自然无法形成乐群向前的集体，迷茫的个人与散沙的集体也就不足为奇了。

同时，我还关注到学生的另一面是乐于接受新事物，敢于尝试，渴望自由，有被民主对待的内心向往。于是，顺势而为、探索更富实效的班集体民主建设成为有米之炊，大有可为。

二、目标管理与班级民主化建设

民主制的源头来自于古希腊的城邦政治，雅典城邦因着公民大会制度的优越性，充分调动了城邦公民的积极性与创造性，不仅在希波战争中击败了强敌波斯帝国得以维系生存，更造就了辉煌的欧洲古典时代。见贤思齐焉，班级的正向积极发展必须激发学生的积极性与创造性。

现代管理大师彼得·德鲁克于 1954 年率先提出目标管理（Management by Objective）的理念，提倡企业使命和任务必须转化为目标，把团队的发展目标通过激励、评价、奖励的方式转变为各个部门和个人的分目标。目标管理的精髓在于看到了人不只是为面包而生存的低层需求，着眼于对丰富的精神世界动力的发掘。首先，目标管理关注的是人的需求，重视团队成员之间的人际关系，意在培育个体在集体中的归属感；其次，目标管理提倡集体激励，在争取集体荣誉的过程中正向引导个体发展；最后，目标管理需要充分信任团队成员，更乐于倾听接纳个体意见，通过参与管理提升个体的自我控制与自主管理。从以上三个层次来看，目标管理与班级民主化建设在理念上不谋而合，是可以增进班级民主化建设的有效途径。

三、目标管理与班级民主化建设的实践

（一）机会均等，适性扬才

学生由初升高，有在新集体中明确角色定位的迫切要求，因而我们往往看到刚迈入高一的新生有极强的表现欲与参与班级事务的热情，这是进行班级民主管理教育的重要契机。在班集体形成的初期，快速组建班委管理团队，激发学生个体的参与热情是这一时期的主要目标。于是，开学前夕我们发布了《招贤榜》海选班委（详见右图），与一般的班级临时班委不同的是：

招贤榜

1. 班长（2 名）
2. 团支部书记（1 名）
3. 学习委员（文、理各 1 名）
4. 文艺委员（1 名）
5. 宣传委员（文编、美编各 1 名）
6. 体育委员（男、女各 1 名）
7. 生活委员（2 名）
8. 劳动委员（1 名）
9. 安全委员（2 名）：负责班级钥匙及"三关"工作（关门、关窗、关电）
10. 纪律委员（2 名）
11. 信息管理员兼信息课代表（1 名）：教室电教设备和网络维护
12. 视频工作室室长（1 名）：班级活动视频制作及发布
13. 课代表：
    （1）语文、英语（各 2 名）
    （2）数学、物理、化学、政治、历史、地理、心理（各 1 名）
14. 小组长：文科、理科（各 4 名）

【注意事项】
1. 工作要求积极、主动，有责任心，富有创造力；
2. 每位同学找到自己的位置，写一封电子自荐信，在 8 月 30 日之前发往：gaoxiaolan99@126.com；
3. 岗位轮岗制，部分岗位按需调整；
4. 试用期：半个学期，期中以后正式改选。

1. 除了班级岗位的全面招标，还允许学生在多个岗位进行体验，大大增

183

加了体验机会；

2. 有限期、有述职的职务体验，要求学生在短期任职中拿出可见绩效，作为正式选举的竞选资本。

英雄不问出处，这种机会均等的公告一经发出，全班 42 名学生中的 35 名就表达出对不同岗位的应聘意向。收到的自荐信中，不仅有经验丰富的"老干部"，还有常年的"布衣百姓"。许多学生不止竞聘一个岗位，纷纷表示想在不同岗位上锤炼自己。在为期半个学期的试用期里，我们尊重大家的志愿，让有志者轮番上岗，进行岗位体验，每周五进行述职，分享工作心得。这样做的好处有三：

其一，唤起学生参与民主管理的主体意识和兴趣。在竞聘中鼓励学生勇于尝试，让一批学生打破思维定势和角色固化的边界，树立起"我能行"、"我可以试一试"的信心。

其二，开发出岗位的角色育人价值。在职体验使更多的学生感性认识到班级运行的多项基本要求，管理中的困难与艰辛，能更好地让学生产生共情，从而相互谅解，更愿意团队协作。

其三，在实践中可以更公平地选拔学生干部，多次尝试更有利于适性扬才。同时，同学们的成功经验和失败教训也将为新班委提供管理的借鉴。

试用期结束后，班级进行正式班委的改选，选举出班委核心及各部门负责成员。新组建的班委以明确部门责任、最大限度调动班级同学参与度为目标，讨论了班级管理团队的构架与运行问题。班委总结前期工作经验，同时在问题预设中，各部门自主规划"责任田"，鼓励创新，责任到人。

部门	分工明细
班委核心	1. 组织制定和修订班规； 2. 分管班级各部门，与相关班委共同策划、管理班级具体事务； 3. 班级创新项目设计与制作管理。

部门	分工明细
团支部	1. 策划班级团组织方案和组织活动； 2. 完成学校团委下达的任务； 3. 协助其他班委开展工作及完成职责范围内的其他任务。
学习委员	1. 每日更新班级课表，引导同学准确、快速走班； 2. 关心同学学习生活； 3. 负责班级各科课代表工作检查与考评； 4. 与课代表共同协调同学与各任课老师之间的交流沟通； 5. 收发例如周记、成绩单等班主任检查收取的各类作业和任务； 6. 协助其他班委开展工作及完成职责范围内的其他任务。
安全委员	1. 负责班级钥匙管理； 2. 负责班级"三关"工作(关门、关窗、关电)； 3. 上报班级安全问题，协调解决安全隐患； 4. 协助其他班委开展工作及完成职责范围内的其他任务。
生活委员	1. 关心班级同学生活； 2. 完成卫生室下达的各类任务； 3. 收取学校征收的各类费用和收费征询单； 4. 管理班费，做好收支记录，一个学期述职一次。
秘书处	1. 每天发送作业清单； 2. 每次大型考试后制作班级质量分析 excel 表和成绩单； 3. 负责做好班级各类活动、会议记录； 4. 协助其他班委开展工作及完成职责范围内的其他任务。
劳动委员	1. 制定并更新班级劳动和"校当家"名单； 2. 组织班级同学劳动培训； 3. 负责学校晨扫、班级午扫、班级暮扫的检查工作和每日劳动的考核与记录； 4. 总结一周班级情况，并提出表扬和改进意见； 5. 协助其他班委开展工作及完成职责范围内的其他任务。
纪律委员	1. 管理班级自修课的纪律(包括午自修和晚自修)； 2. 负责班级同学手机与平板使用管理； 3. 负责制定和修订班级班规； 4. 协助其他班委开展工作及完成职责范围内的其他任务。
文艺委员	1. 综合管理和协调班级文艺、体育、宣传的交叉性工作； 2. 负责 Open day、"班班有歌声"等班级大型文艺活动策划； 3. 协助其他班委开展工作及完成职责范围内的其他任务。

部门	分工明细
宣传委员	1. 每月制作两期班级黑板报； 2. 制作班级宣传栏； 3. 负责学校有关语言文字工作； 4. 协助其他班委开展工作及完成职责范围内的其他任务。
体育委员	1. 负责出操的列队工作和班牌管理； 2. 组织和播放室内操； 3. 贯彻和下达学校有关体育工作的任务； 4. 负责体育运动节的策划和组织任务； 5. 关心同学体育健康和安全问题； 6. 协助其他班委开展工作及完成职责范围内的其他任务。
宿管(男)	1. 完成学校卫生室的晨扫工作； 2. 负责晚自习出勤率管理； 3. 关心男生寝室安全、卫生、生活情况； 4. 负责周日男生寝室点名工作； 5. 协助其他班委开展工作及完成职责范围内的其他任务。
宿管(女)	1. 完成学校卫生室的晨扫工作； 2. 管理班级钥匙； 3. 关心女生寝室安全、卫生、生活情况； 4. 负责周日女生寝室点名工作； 5. 协助其他班委开展工作及完成职责范围内的其他任务。
视频工作室	1. 负责学校、班级各种大型活动的拍照、摄像工作； 2. 协助其他班委开展工作及完成职责范围内的其他任务。

经改选，30 名同学在班中担任职务，其余同学在班委"组阁"中虽无职务而成为实际活动中参与的干事，领到了实际的岗位。班委团队的组建最大化地调动了每个人的积极性。

（二）关注班级发展目标的制度建设

完成第一个阶段的班委选拔后，第二阶段是班级制度建设。民主管理的班级制定班规必须遵循先民主后集中的原则，让班级公约得到更多学生的认可，化被动遵循为主动践行。这里需要做好以下几点：

1. 基于学生对班级问题和发展方向的认识和共同愿景；

2. 基于学生针对班级问题和发展方向公开的群策群力；

3. 班委整理成稿后的班规得到普遍认同。

班级运行一个月后，我们组织学生们细心地去观察班级存在的问题，为班级建设建言献策。在班会课上，每位同学都交出了各自的提案，经过整理，集中反映的三大问题是：

（1）教室的保洁问题；

（2）手机和电子产品的使用问题；

（3）早中晚各自主时间段的时间管理问题。

针对以上问题，班委主持全班同学展开讨论。如围绕"教室保洁问题"的活动：

目标问题	问题来源	问题带来的感官体验	解决方案
教室保洁	1. 督促不到位； 2. 打扫卫生的同学或糊里糊涂，或故意遗忘； 3. 零食饮料很好吃，桌子小没处放，那就暂时放地上或窗台吧； 4. 不是故意的，只是"投篮"没投中； ……	1. 教室里太脏乱，学习已经很忙了，看到垃圾心烦； 2. 教室里垃圾太多，如遇走班课让同学们很没面子； 3. 桌面的书本越堆越高，太颓废； 4. 有些零食散发的气味让人难以忍受； 5. 少部分没素质乱扔垃圾的同学让人气愤； ……	1. 改革值日制度，值日贵精不贵多，按座位四人一组，分别负责擦黑板、扫地、拖地、倒垃圾，一人一岗，责任到人，就近提醒； 2. 不把零食和饮料带入教室，从根源上杜绝不必要的垃圾，既健康又环保； 3. 运用垃圾管理自觉、自治的原则，每个人自己保管自己的垃圾，值日生定时定点收取，不设垃圾桶，由值日生与劳动委员对同学们的垃圾管理进行考评； ……

同学们在体验分享中愈发认识到教室保洁的重要性，大家群策群力，共同形成了班级卫生公约。经过大家讨论而形成的班规更受到学生们的肯定，有考核、有奖励的规则实施后，班级问题有了比较明显的改善。在期末的评优中，班级获得了学校"星级班集体"的荣誉，同学们在自豪之余，更加强化了自觉为班

级服务的意识和行动。

（三）关注目标达成的班级管理模型，培养学生的系统活动能力

授之以鱼，不如授之以渔。班级民主化建设的第三阶段目标在于以班级实际事务的开展作为资源，培育学生更富实效的决策与活动能力。下图是在处理班级事务过程中摸索形成的关注目标达成的班级管理一般模型，也是班级处理日常事务和特殊任务的一般流程。

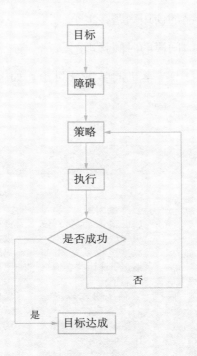

在这一模型中，首要建立的是一套完整的目标体系，然后由上而下地确定策略与执行路径，从而构成一种锁链式的目标体系。其次，加入评价和检测环节，并根据评价结果进行自主调整，使得目标管理进入下一轮循环流程。

举一个例子，小蔡同学的妈妈在公司派往西藏的公差中看到甘孜地区的孩子比较贫困，尤其是冬天的缺衣问题十分突出，这引发了小蔡同学通过班级进行募捐的想法。在班会中，小蔡向同学们提出了这一提案，获得了同学们的支持。以下是班级以向西藏甘孜捐献冬衣为目标开展的活动：

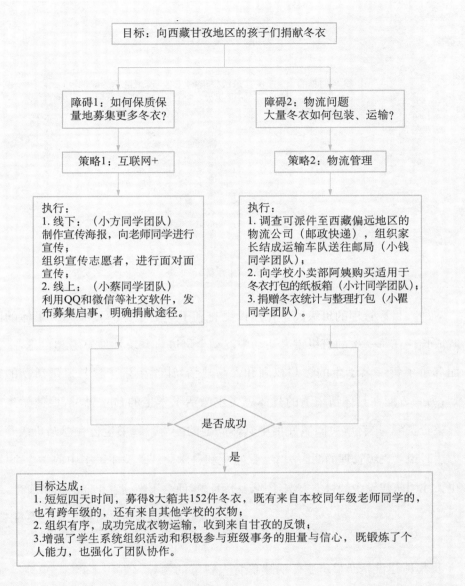

目标：向西藏甘孜地区的孩子们捐献冬衣

障碍1：如何保质保量地募集更多冬衣？

障碍2：物流问题
大量冬衣如何包装、运输？

策略1：互联网+

策略2：物流管理

执行：
1. 线下：（小方同学团队）
制作宣传海报，向老师同学进行宣传；
组织宣传志愿者，进行面对面宣传；
2. 线上：（小蔡同学团队）
利用QQ和微信等社交软件，发布募集启事，明确捐献途径。

执行：
1. 调查可派件至西藏偏远地区的物流公司（邮政快递），组织家长结成运输车队送往邮局（小钱同学团队）；
2. 向学校小卖部阿姨购买适用于冬衣打包的纸板箱（小计同学团队）；
3. 捐赠冬衣统计与整理打包（小瞿同学团队）。

是否成功

是

目标达成：
1. 短短四天时间，募得8大箱共152件冬衣，既有来自本校同年级老师同学的，也有跨年级的，还有来自其他学校的衣物；
2. 组织有序，成功完成衣物运输，收到来自甘孜的反馈；
3. 增强了学生系统组织活动和积极参与班级事务的胆量与信心，既锻炼了个人能力，也强化了团队协作。

民主化班级建设即是构建班集体与学生个体良性互动、正向作用的团队生态：

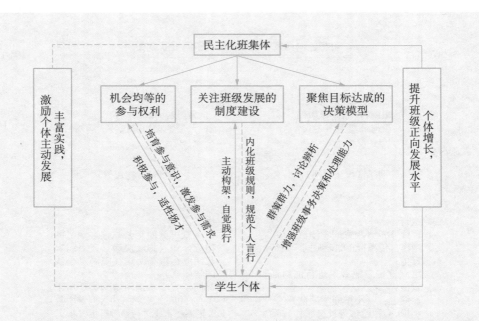

加入目标管理的班级民主化建设更有利于学生个体的发展和班集体的团队成长。在每一次的班级重大活动中发动全班进行系统性地思考和讨论,一方面尊重了每一名学生的参与权利和参与热情,让学生乐于参与班级活动的策划;另一方面在具体情境下的具体思考也激活了学生的独立思考,促使学生有效整合资源,培育解决团队发展中具体问题的能力。魏书生曾在总结班级管理方法时说:"班级管理的两大法宝:民主化和科学化。"既关注民主中的学生个体,也关注团队建设中的科学方法,团队且行且思,便会不断朝着正向的道路前行。

(作者:上海市闵行中学　乔晓岚)

班集体建设是凸显班主任的建班育人智慧的领域。近年来,长三角地区尤其是上海,对于班集体建设的重视程度不断提升,以"特色班集体建设"为主题,开展班主任基本功竞赛,旨在不断提升班主任的建班育人水平。加强班集体建设,对于班级、学生的行为规范教育来说,无疑也具有极其重要的价值。班主任作为学生的人生导师,必须站在育人的高度,对学生、班级的发展进行统整思考,创造最利于学生发展的班集体生活和成长环境。

六、家、校、社共育

学校教育、家庭教育与社会教育,这三者之间既是互相独立的教育领域,又是整个教育系统之中有着密切联系的子系统。[1] "家庭+学校+社会"三位一体的教育途径在任何主题、任何种类的教育中都是实效性提升所必不可少的,对于行为规范教育也是如此。行为规范教育不是孤立的自我教育,也不是孤立的学校教育,而是与家庭、学校、社会等外部环境紧密联系的。

中小学教育中,家、校、社共育通常采用的是以学校为本的教育合作模式,充分重视学校自身的组织与协调作用。根据教育合作模式及学校自身的特质与需求,家、校、社共育包括的形式也有很多种,如家长参与学校教育、学校家庭教育指导、学校教育社会化等。

但令人稍感遗憾的是,家、校、社共育似乎是行为规范教育中一个较薄弱的环节。下面结合一些学校和教师的实践,就如何加强家校合作和校社联动进行探讨。

(一) 家校合作:注重家庭教育指导和家长参与

由学校主导的单向、低层次的家校联系无法对家长产生教育影响以及促使其改进教养方式,家庭有时甚至成了抵消学校行为规范教育成效的场所。更令人担忧的是,受一些不良风气的影响,一些家庭有时试图教给孩子的行为方式、价值观与学校的教育意图相违背,使得有些学生在价值观整合过程中表现出了无所适从甚至价值混乱。因此,发挥好学校对于家庭教育的指导功能,尽可能获得家庭对于学校行为规范教育的理解、认同、支持和参与,至关重要。

> **案例:建立家庭教育指导机制,提高教育实效**
>
> 家庭是社会的细胞,也是孩子成长之源。当今的中学生较之以往在知识面、

---

[1] 孙茂安. 关于学校、家庭、社会"三位一体"教育合作的思考[J]. 中国校外教育(中旬),2016(10):16.

信息量及思想、心理等诸方面都有许多新的变化,不少家长对教育孩子深感力不从心。面对长期滞后于学校教育的家庭教育,如何发挥学校优势,探索建立家庭教育指导机制,使学校家庭教育指导能有针对性和有效性,是我们迫切需要解决的新课题。我们学校对此进行了以下一些探索。

一、课程设置

长期以来,学校教育与家庭教育各自为阵,从对入学新生家长的问卷调查和全校班主任的访谈中发现,尽管学校本来就组建了家长学校,但由于活动形式单一、活动内容单薄、途径渠道狭窄,很难满足家长的不同需求。

为了满足不同层次的家长对家庭教育知识的需求,我们构建了以菜单式联动为基础,以家庭组合联动项目为发展导向,以社区沙龙式联动为必要补充的课程体系。

1. 菜单式联动,是指学校根据家长的需求,开设不同的菜单,在统一规定的时间里,由家庭教育志愿者或家庭教育指导者组成的讲师团对家长进行授课。

2. 家庭组合联动,是由班主任牵头,几户家庭自由组合,定好地点和活动时间,形成家庭互助式的群众性家庭小组,在联动中解决同类型的家庭教育问题。

3. 社区沙龙式联动,是借助社区资源——居委社区点,利用暑假、寒假等假期时间,开发一些适合孩子需求的灵活多样的亲子活动。

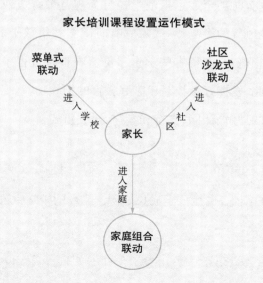

家长培训课程设置运作模式

二、实施原则

1. 自主性原则

开展家庭教育培训活动,一切以家长自愿为主。家长自主参与菜单式培训或学校亲子活动,学校会提早下发各类培训或活动通知,让家长有充分的时间准备。

2. 针对性原则

我们认为家长目前迫切需要解决的问题不是观念问题,而是态度问题。在开展家庭教育培训活动中,应该考虑家长的实际情况,有针对性地选择培训内容和培训方式,转变家长参与培训的态度。

3. 理论指导与实践指导相结合原则

以多种途径的学习形式,在理论上提升家长的文化素养的同时,改变灌输式的单向培训方式,让家长代表现身说法介绍经验、交流学习体会,在实践中提高家庭教育水平。

三、实施策略

在实施家庭教育指导工作中,我们建立和制定了配套的培训计划和方案,让家庭教育指导走向制度化、规范化、系统化的同时,逐步形成一系列培养机制的有效策略,使学校教育与家庭教育互相融合,增强教育的合力。

(一) 多层次的指导

为了更好地为家庭服务,使家庭更好地参与到学校的活动中来,我们根据家长教育水平的不同,采用了多层次指导策略。

1. 开设讲座。就某些家长关心的问题,以专题形式开设讲座。

2. 提供咨询。举办家长开放日,聘请专家、家庭教育志愿者向家长提供咨询服务。

3. 参观体验。邀请家长走进课堂,参与学校的教育教学管理,了解学校发展,了解教师的工作态度和业务能力,强化家校之间的沟通,促进家校和谐的发展。

4. 递进式的指导。根据不同年级学生的年龄和心理特点，家庭教育指导采用"按年级、分层次、递进式"的家长培养策略。

年级	内容	目标
预备年级	帮助孩子适应中学生活	帮助家长了解中小学的差异，对孩子进入中学后的学习、生活进行有效指导。
初一年级	对孩子进行有效的品德教育	引导家长关注孩子行为习惯和思想品德的培养，提高学生自律意识和能力。
初二年级	指导孩子迈好青春的第一步	引导家长关注孩子青春期阶段的思想、心理状况，帮助孩子认识自我，树立自尊自爱的品质。
初三年级	引导孩子懂得拼搏，学会选择	引导家长树立正确的成才观，在家庭教育中帮助学生增强责任意识，学会自强奋斗，学会自主选择。

（二）多形式的培养

1. 自选内容，菜单培训超市为你服务

开学初，学校通过家委会下发征询表，每个年级的家委会组织汇总本年级的培训超市菜单，由各班级家委会根据班级的具体情况，开设 1—2 个菜单，然后由家长学校辅导教师与家委会代表共同备课、策划，每个年级在学校统一规定时间内，对不同类型的家长有针对性地开展培训，保证每位家长每学年不少于 4 次菜单培训。

2. 相约星期三，沙龙畅谈有话大家说

每年暑假，利用周三晚上，家委会的部分成员分别在两大居委组建家长沙龙活动，畅谈家教体会。家委会轮流确定主题，每一位参与活动的家长都是带着问题来，带着经验归，家长既是指导者又是接受指导者。家长沙龙为家长创设了自由、轻松、畅所欲言的家教指导环境，给家庭教育有困惑、有困难的家庭提供了帮助和指导，既是家庭教育的探讨平台，又是很好的家庭教育培训指导机会。

3. 借助社区居民点，深入开展专题培训

利用社区学校丰富的教育资源，我们借助社区退休教师力量，在学校周边地区——两大居委、三个村委开展了"弘扬民族精神，家庭先进文化融入社区"主题活动，进行传统美德教育。这些退休教师往往是家长曾经的老师，在开展活动方面效果比我校在职教师往往要好。

（三）多样化的活动

通过"小手牵大手"学习型家庭创建活动，开展多样化的活动，让学生成为学校与家庭的桥梁，以活动促成效。

1. 根据《亲子共勉践行手册》，开展"我与家庭同成长"的读书活动；

2. 根据《100个家庭安全教育常识指导》学习材料，让家长自学或由孩子朗读，同时让家长在反馈表上写上一两句感言；

3. 利用假日活动小队，鼓励家长参与学生小组式学习交流活动，促进家长与孩子共同学习、共同成长；

4. 建立"好朋友家庭联动"活动，以本年级的学生家长为主体，发挥以"学习型家庭"为核心的骨干家庭引领作用，由班主任牵头，几户家庭自由组合，定点定期开展活动，谈论教子经验、解决教子难题，在联动中解决家庭教育问题。

家庭教育指导机制的建立，使家长潜移默化地改变了原有的教育观念，更新了家庭教育理念，真正使优良的文化进入了家庭，并将先进的家庭教育方式运用于实践，促进了家长素质的全面提高，更有利于学生的发展。

（作者：上海市闵行区蒲江第一中学　王美莉）

案例："彩虹爸爸课堂"初成长

行为规范教育需要学校教育和家庭教育相结合。当代社会，父亲教育越来越得到关注。《爸爸去哪儿》这个电视亲子真人秀红遍大江南北,受到了很多孩子和家长的热捧。一个电视节目受到高度的社会关注,除了明星效应,更深层次的原因,是现实生活中爸爸这个重要角色在孩子家庭教育中的缺失。和妈妈更为感性的思考和表达方式相比,爸爸的思考方式更为理性、行为方式更加阳刚,爸爸参与教育在孩子的成长过程中是不可缺少的。目前小学教师性别结构以女性为主,教育中妈妈主导的比重也大大高于爸爸。

刚进入小学学习,新的学习和生活对孩子们来说充满了好奇和新鲜,低龄儿童存在好动、自由散漫、易兴奋、易疲劳、注意力容易分散等特点,尤其是刚入学时,学校的行为规范要求对于他们来说有点难度,其中最明显的就是孩子的规则意识比较薄弱。但同时我们也应该看到,这一阶段也是行为养成的好时机,因为最初的美在孩子的心里留下的痕迹最深,如果在一年级这一阶段给予系列化科学性的行为规范指导,那么,行为规范养成教育就会事半功倍。以"彩虹爸爸课堂"为抓手,我开展了班级行为规范特色主题活动,从爸爸精神入手,培养学生初步成为一个有规则意识的小学生。

一、前期调查

调查发现,班级里所有的家庭都比较重视孩子的教育,从具体分工来说,以母亲教育为主的占 69%,以父亲教育为主的占 9%,平分秋色的占 22%。当问及一些父亲淡出家庭教育的原因时,有的答:工作太忙,没时间管孩子;有的说:脾气不好,没法跟孩子好好交流……看来好像都有理由。

因为缺乏男性教育,班级里也存在一些"过于女性"的问题,孩子的性格、情感、意志、思维方式等都会受到一定的影响。有个男孩胆子特别小,上课不敢举手回答问题,即使回答问题,声音也像蚊子似的,学习成绩总是上不去。老师调查后发现,原来在家里孩子总是跟着母亲,母亲胆子很小,总怕孩子碰伤,因此对孩子"包着抱着",孩子也就变得内向、胆小。同时班级中的孩子对事情的认识与处理更多地偏于感性的方式,这与母亲的长期教育是离不开的,与缺少父亲的理性教育也是有必然联系的。

二、活动设计与实施

根据彩虹七色"红、橙、黄、绿、青、蓝、紫",我设计了一学年的彩虹爸爸课堂,形成了一个全面的行为规范教育的载体,把一个个行为规范教育点落实在每个活动中,让家长课程不单单只是一个家长讲座或家长参与的活动,而是和学校教育融合在一起,共同促进孩子的健康发展。

"彩虹爸爸课堂"系列活动

颜色	主题	内容	行为规范关注点
红色	我和消防零距离	结合消防日活动,走进浦东消防中队参观;消防员爸爸走进课堂,带领同学一起学习消防知识;主题班会交流,日常评价跟进。	护公物,爱校礼。慎用水,节能礼。爱活动,参与礼。
绿色	彩虹糖的军人梦	自主学习军人、军队知识;军人爸爸走进课堂讲"规则";军训活动小体验;主题班会交流,日常评价跟进。	整仪表,形象礼。列队齐,仪仗礼。迎国旗,注目礼。
青色	爱护小眼睛 ING	学习有关眼睛的知识,制作小报展示;医生爸爸走进课堂,和孩子说说爱护眼睛的重要性以及做法;主题班会交流,日常评价跟进。	做两操,健身礼。再微笑,自爱礼。
蓝色	汽车知识百度行	观看汽车制作视频,汽车企业的爸爸给孩子讲讲汽车是如何制作出来的,以及在整个过程中需要付出的努力;主题班会交流,日常评价跟进。	善倾听,互学礼。勤思考,明智礼。愿表达,分享礼。好读书,博学礼。
紫色	插画艺术的殿堂	美术教育专业的爸爸带领孩子走近插画艺术的殿堂,制作插画作品;主题班会交流,日常评价跟进。	鞠一躬,谢师礼。会自学,钻研礼。
橙色	小志愿者成长记	学习志愿者精神,社区志愿者爸爸介绍自己的工作以及意义,带领孩子走进不同的场所体验;主题班会交流,日常评价跟进。	公共处,守序礼。节手纸,环保礼。
黄色	快乐童年你我他	结合学生进入小学的第一个儿童节,让爸爸们走进我们的课堂,给孩子们讲讲自己的童年生活,孩子们去寻找爸爸们童年的影子;主题班会交流,日常评价跟进。	多微笑,悦纳礼。互谦让,包容礼。挥挥手,伙伴礼。

在具体操作中,每个颜色的主题都有一整个系列的活动。前期的自主学习

探究环节,学生网上查阅资料,制作小报、小调查等,为爸爸进入课堂打好知识的基础;爸爸进入课堂给予孩子专业知识和实践内容,成为活动的主体内容;老师及时介入教育,在活动后开展主题班会,交流讨论此次爸爸课堂的内容,并且以初定的行为规范关注点作为整个活动过程中的一条主线;后期的班级日常评价活动,把活动继续延续着。

具体以绿色"军人梦"为例进行阐述。

主题:彩虹糖班的"军人梦"

1. 活动目标

(1)通过多样化活动,让学生知道坐、站、走的具体要求,即"坐如一座钟、站如一棵松、走如一条线"。逐步认识到遵守规则的重要性,并落实到行动中,努力做一个有规则意识的小学生。

(2)在交流互动中展现学生的小军人风采,增强学生的自信心,提高学生的综合能力,从而增强集体凝聚力,积极创建特色班集体。

2. 活动过程

第一阶段:"小军人"百科书

通过爸爸课堂、亲子阅读、小调查等活动,引导学生学习军人方面的知识,了解怎样的队伍叫军队、怎样的人叫军人,感受军人"规则"精神。在学习中体会军人"标准化"的"美丽",在小小心灵里种下一颗美丽发芽的种子。通过爸爸课堂,充分发挥家长资源,让父亲的独特气质感染孩子们,让孩子们多份"刚强"。通过亲子活动,加深孩子与家长的亲密关系,加强家、校、社三位一体教育。

第二阶段："小军人"训练营

通过小小军训体验活动,让孩子走近军人,从知识的层面过渡到实践体验的层面。军人爸爸给孩子们开展了一个半天的队列训练等行为规范教育活动,让学生在活动中体验,在活动中感悟。

小小军训体验活动内容安排

主题	内容
小小誓师大会	成为小军人，首先举行的是誓师大会。在学生的宣誓声中，"军人梦"实践活动也宣告开始。从这一刻起，每个学生已俨然是一名解放军战士，光荣、责任与自信写在了他们的脸上。接过活动的旗帜，"小兵们"整装待发！
队列训练活动	小军人的一项重要任务是进行队列训练，他们学习并反复练习了踏步走、跨步、稍息、立正、左转弯、左后转弯、右转弯、右后转弯以及蹲下等动作，还学习了如何整理衣装等等。活动同时还培养了他们吃苦耐劳的精神和意志力。
整理内务训练	对于一年级学生，整理好自己的学习用品、整理好桌肚、整理好书包等就是他们要基本掌握的内务。孩子们学习如何规范整齐地摆放自己的东西，规则意识深入心中。
七彩纵队展示	结合彩虹糖班的特色，七个小队作为一个个新成立的排，按顺序在军人爸爸的口号声中踏着方阵来到台前，展示了各队的名称、目标、口号、队歌、队形，最后还进行了"授标志"仪式，自主选举小干部，为大家服务。
小小会操比赛	在军人爸爸的口号声中，每个小队依次展示了训练成果。响亮的口号，整齐的步伐，一致的动作，见证着军人爸爸和孩子们付出的辛劳与汗水，见证着他们的成长足迹。

第三阶段："小军人"争章记

通过对前期活动的回顾，我们以争徽章的形式来帮助学生进一步规范地认识与掌握坐、站、走的基本要求，并通过多样化的活动体验，让孩子们在掌握技巧的同时，明白规范的重要性，从心底触发进步的意识，努力做一个有规则意识的小学生。

环节	内容	设计意图
启发谈话，引入主题	1. 播放活动视频《彩虹爸爸课堂之"绿色军人梦"》，请孩子们谈谈感想。 2. 今天我们也来争彩虹小徽章，做行为规范小标兵。出示主题。	通过观看活动视频，引导学生回顾前期爸爸课堂活动，谈谈活动中的感悟，激发情感。
争章行动，规范行为	【环节一】小青松章 （一）比一比 1. 出示争章要求。 2. 你们觉得哪棵小青松最美？ 3. 总结提炼。 （二）练一练 1. 出示图片：直直的小青松就代表人的站姿。为什么我们站的时候要像小青松那样直直的？ 2. 交流讨论：正确的站姿应该是怎样的呢？ 3. 判断题：以下哪个站姿最标准？总结提炼。 （三）玩一玩 照镜子游戏、开小火车。总结提炼。 【环节二】小座钟章 （一）找一找 1. 出示争章要求。 师：小朋友们，你们看，"小座钟徽章"正向我们招手呢。请看要求。 2. 寻找身边小榜样。 3. 播放《医生爸爸的话》，总结提炼。 （二）玩一玩 照镜子游戏、木头人不许动。 【环节三】小蚂蚁章 （一）看一看 播放歌曲视频片段《小蚂蚁》。 （二）说一说 师：观看了视频，你印象最深的是什么？小蚂蚁是如何排队的？它们为什么要排得这么整齐呢？ （三）演一演 排演小小情景剧。	以争小徽章为主线，引导孩子通过比一比、练一练、玩一玩、找一找、说一说等多样活动形式，探究"站"、"坐"、"走"要做好的原因，掌握好基本要求，并进行相应的行为训练活动。
实践体验，行为强化	小组合作，续编儿歌。 评价提炼。	结合课堂生成资源，引导学生小组合作自编儿歌，在活动中不知不觉地规范和强化自我行为。
总结提升，品德内化	播放《军人爸爸的话》。 总结评价。	通过视频对话形式再次请军人爸爸"进课堂"，首尾呼应，总结提升。

　　小小军训体验,让孩子们亲身感受军人精神,懂得什么叫规则,并且清楚地学会如何规范自己的行为,如何做得更好,让家长、教师的要求慢慢转化为孩子自身内心成长的需求。班级教育活动,系列化地让孩子在活动中养成良好的行为规范,在整个过程中有层次地感悟军人精神,让孩子用一个个小行动带动自己一点点地进步,让孩子在实践中收获更多。

　　追逐绿色军人梦,对学生是一次身和心的考验,大部分学生都从未吃过这样的苦,但是孩子在过程中学会了坚持,学会了忍耐,学会了付出,并享受着成长的喜悦。

　　三、收获

　　"彩虹爸爸课堂"主题活动的有序推进有效促进了学生的行为规范养成。爸爸们紧扣"行为规范",根据各自的职业特征,挖掘其中的"规则"要素,走进课堂、走近孩子,满足学生的成长需求,激发学生的学习兴趣,成就孩子的成长梦想,这让行为规范教育少了点空洞与苍白,多了点充实与趣味。同时,爸爸走进课堂也带动了整个家庭对于孩子教育的重视以及对家庭教育科学性、有效性的探索，这不仅有利于孩子的行为规范教育，也会对孩子的整个成长历程起到积极的影响作用。

（作者：上海市闵行区七宝镇明强小学　姜丽霞）

父母是孩子的第一任教师，也是终身教师。家庭教育影响着学校教育的效果，家长是否重视家庭教育、教养方式是否科学至关重要。上述两个案例，一个是谈如何系统性提高家长群体的家庭教育整体水平，是学校层面可供参考、借鉴的一个案例；一个是通过开发课程和家长资源，引导家长参与学校教育，进而带动家长群体主动提升家庭教育意识和水平，具有较强的操作性和启发性。

（二）校社联动：注重资源挖掘与文明共建

在校社联动开展行为规范教育方面，许多学校、教师也感到有些力不从心。可能原因之一是社会作为一个大的课堂，往往掺杂着诸多不利于学生成长的因素，对教育者提出了很高的要求。怎样营造出一个适合学生行为规范教育的学习氛围，并有效地引领学生进行一些社会实践，发挥社会大课堂的教育效能，值得探讨。

案例："我爱家乡美"实践探究活动

德育的途径有很多，但立足于本土文化资源的途径则更具有亲和力和生命力，因为它源于实践、源于真情感知。马桥是一个有着丰富文化积淀的乡村，然而随着农村城市化的推进，人们对本土历史文化、经济建设发展等领域的认识与了解变得越来越少。随着一批批非物质文化遗产名单的公布，本土的文化资源成为古老文明的一抹亮色，重新受到人们的重视。学校以马桥本土历史、艺术、地理、文学、建筑等资源为载体，通过探究活动方式，了解马桥的过去，徜徉马桥的现在，感受马桥的激情，从而实现了从知、情到行的转化。

一、开发依据

1. 德育课程需要多元化。德育课程由单一的传统模式转化为多元化的模式，将使其更为丰富，更具有灵活性，教育效果更具持续性。探究课以丰富多彩的实践活动区别于传统的德育课程，能让学生通过探访、参观等方式走出校园，认识、了解马桥的过去、现在，也走进社会、触摸社会、感知社会，从而为"我爱家乡美"系列德育校本课程实施途径的有效性奠定基础。

2. 学生需要走进生活、探究生活。每一个学生都是一个生命体，他们既生活在学校里，更生活在社会中，学生思想道德品质的形成和发展无时无刻不在接受着社会、家庭、学校的影响。纷繁复杂的社会现象，社会生活中的真伪、美丑、善恶，都在影响着学生思想品德、生活方式、人生价值的形成和发展。因此，促使学校课堂功能由"知识课堂"转化为"生命课堂"，激发学生关心身边人、关注身边事、发现生活、热爱生活、了解历史、传承文化，是当代学生走进生活、探究生活的需要，也是学生成长的需要。

3. 社区资源具有很高的教育价值。联合国教科文组织强调，开发和利用社区教育资源非常重要。"社区教育资源开发利用"是指学校在取得地方政府和社会各界支持的情况下，对学校所在社区内可以利用的人力、物力资源进行协调，使之在研究性学习实施中发挥一定功能的行为。我们对马桥本土独特历史文化和发展特点所形成的丰富教育资源予以了充分利用，社会各界也对此予以资源共享与鼎力协作。

二、教育目标

1. 通过对马桥独特的历史文化和人文发展的了解，加强对家乡的认识和了解，增强作为马桥人的自豪感，提高学生传承家乡文化和建设家乡的责任感与使命感。

2. 通过改变学生学校生活的状态和形式，丰富校园的文化与生活，在活动中提升学生的探究精神、协作意识、交际能力等综合能力，为学生的健康发展奠定基础,提升校园文化的内涵。

三、活动内容

根据学生的年龄特点和认识能力,把"我爱家乡美"校本德育课程分为三个阶段:谈古、论今和追梦。

(一) 谈古

1. 追溯马桥历史、文化

教育家杜威曾说过:"历史是永恒的建设性的道德遗产。"马桥悠久的本土文化资源是学校德育活动取之不尽的知识宝库。"生活即教育,社会即学校",学校创造条件拓展学生的学习空间,改变单一的学习方式,让学生对家乡的文化艺术、风土人情、民风民俗生发出探究的欲望和热爱的情感。

(1) 力行

一访:探访闵行博物馆、马桥文化长廊等,追溯马桥古文明历史的发展;拜访马桥活词典,如《三缸水》主编顾福根老师、马桥手狮舞传人赵志麟老艺人等,走近马桥悠久的历史,感受传统文化的魅力,激发马桥强恕人的自豪感。

二查:查阅《马桥志》、《三缸水》报等文献资料,对马桥的历史、经济、教育、文化等进行考证,从中也培养学生严谨的学习态度和探究作风。

三赏:赏水湘园、马桥古文化遗址、国家非物质文化遗产纪录片《马桥手狮舞》,在游赏和观赏的过程中,了解马桥辉煌又美丽的过去,体会马桥人民对生活的热爱和对艺术的创造,激发学生对传统文化的传承热情。

(2) 践行

在主题班会上,各班同学对小组收集的资料进行筛选、梳理、整合、展示、汇报,在分享中深化对家乡的认识和情感;在学校组织的系列展示活动上,学生们或用绘画,或收集文献资料,或拍摄照片、录制影像,有的还辅以现场解说和评论,形象生动地对探究实践成果进行展示和交流,处处体现出他们对马桥文化的独特认识和深厚情感,以及传承马桥文化的责任感和使命感。

2. 追忆先人和前辈的智慧

马桥历史长廊里沉淀着璀璨的星光,不管是在文化、教育,抑或是在经济等领域的发展中,都涌现出了许多励精图治、奋发有为的人才,古有韩湘子,近有钮永健,今有沈文……他们为马桥的历史发展添加了浓墨重彩的一笔。查寻、搜集这些代表人物的成长历程和辉煌成就,追忆先人和前辈的智慧与精神财富,有利于对学生进行人生观、世界观教育,也有利于让学生由关注身边人、身边事,逐渐扩大为关注社会人、社会事。

3. 追怀"百年强恕"教育

马桥强恕学校是于1899年创办的百年老校,有着丰富的文化底蕴。为了使学生知"强恕"、解"强恕",学校开展了"我骄傲,我是强恕人"系列活动。活动包括参观强恕校史馆,了解学校发展历程,学习并深刻领悟学校校训等,让学生懂得学校培养学生的宗旨,激发学生身为强恕人的自豪感,树立为学校发展增光添彩的信心。

(二) 论今

1. 马桥一日行

当代马桥人的智慧和勤劳为马桥经济发展带来了财富和繁荣。依托社区与乡镇资源的共享,学校通过小队活动、社会实践活动、夏令营活动等组织学生对马桥建设进行一日游。孩子们对花王公司、紫江集团、马桥旗忠网球中心、马桥体育场、马桥图书馆等地进行实地探访,体验经济之旅、文化之旅、探究之旅,在徒步旅行中感受建设马桥的艰辛和马桥人坚韧的品质,同时也看到马桥飞速发展的今天,更激发了建设家乡的热情。

2. 传统文化艺术教育

传统的教育形式往往局限于课堂教学,而民间文化艺术的浸润则需要让孩子们身临其境地感受家乡的历史文化,亲身体会当地的风俗习惯和风土人情。

这就要求我们不能把教育囿于课堂,而应拓展多样化的教育渠道,提升强恕学生的素养。

"狮舞欢腾传乡情"系列活动。以体育、音乐、拓展为主线,德育阵地为辅线,让学生"学一学、做一做、演一演",切身体验民间传统艺术。

"沪剧之花"香满强恕。为使沪剧扎根马桥,我们以"请进来"的方式,请沪剧表演老师来校进行指导,教学生说上海话、唱沪剧。同时我们也积极地"走出去",组织学生多次参加区、市的比赛或表演活动,在与其他沪剧表演团队的交流、切磋中,逐步提高强恕学子的沪剧表演功底,提升强恕的文化底蕴。

3. 实践与体验

马桥强恕学校地处马桥镇中心,周围有几十家单位。我们充分发掘社区教育资源,经过调查、筛选,确定了文化站、电影院、卫生院、邮电局、派出所、敬老院、银行等七家单位作为学生社会实践基地,组织学生进行多元实践与体验。我们聘请这些单位的有关人员担任校外辅导员,每两周安排一到两个班级利用周三下午到这些单位进行社会实践活动。我们先后开展了"电影知识知多少"、"理财小知识"、"当一回小警察"、"小小投递员"等综合实践活动,给学生留下了深刻的印象。

我们还在这些探究实践的基础上,组织开展"我爱家乡美"征文比赛、"夸夸我的家乡美"演讲比赛、"画画我的家乡美"绘画比赛、"我为家乡建设献一计"等活动,使学生对社会实践活动完成从感性到理性的升华。

(三) 追梦

与学校各月的系列活动相整合,让学生畅谈马桥人成果、智慧,并联系自身实际畅想自己和马桥的未来,鼓励学生将自己的梦想与马桥的未来发展联系起来,为马桥未来的建设添砖加瓦,并拿出实际行动去追逐自己的梦想。

中学部：未来规划书；

小学部三、四、五年级：联系自身，畅谈并写下自己作为马桥强恕人的梦想；

小学部一、二年级：以图画为主，描绘自己梦想中的马桥未来。

四、实施方式

活动安排：探究课、社会实践活动、志愿者服务队活动、暑期夏令营、拓展活动等。

课程教材：学校组织教师通过搜集、整合、编排，形成一定的范本，同时各年级、班级在实施过程中也可有所补充和创新。

活动基地：马桥古文化遗址、马桥文化站、韩湘水博园、花王公司、紫江集团、马桥网球场、学校校史馆等。

参与方式：参观场馆、聆听讲座、采访调查、自主探究等。

五、活动效果

学校层面：从爱家乡和爱学校教育入手，找到中华优秀传统文化教育和民族精神教育的抓手和切入口。

教师层面：马桥本土文化资源的开发和利用使教师的德育内容和途径更加丰富和有效，同时也增强了教师自身对马桥和学校独特的感情，激发了教师工作的主动性和热情。

学生层面：

1. 感悟民俗文化魅力，提升对本土历史文化的了解、认同和传承，激发学生热爱家乡的激情和建设家乡的热情。

2. 丰富学生校园生活，同时在各种为学生喜闻乐见的活动中提升学生对传统文化的亲近感、认同感。

3. 提升学生综合素养，在课程实施过程中，有效培养学生的合作、吃苦、探究及认真负责的精神，同时使学生的组织活动能力、自主学习能力得到提高。

附：活动评价表

表格一（自评）

探究日期	年级/成员	探究项目	探究对象和内容	探究成果呈现	总体满意度

评价说明：对自己或所在团队的探究过程和结果的满意度进行反馈——很满意打笑脸；较满意嘴形为横线；不满意嘴形为下弧线。

表格二（他评）

评价者		被评价者或团队		评价项目	
团队整体表现（打"✓"）	协作情况	A（　）	B（　）	C（　）	D（　）
	探究态度	A（　）	B（　）	C（　）	D（　）
	探究过程	A（　）	B（　）	C（　）	D（　）
成果展示方式		成果展示评价			
提出建议		总体评价等第			

评价说明：优秀为 A；良好为 B；一般为 C；待提高为 D。

（作者：上海市马桥强恕学校　唐颖兰　龚敏瑛）

案例：做社区的守护人

环境保护，教育为先。结合学校"Z 平方活动体验营"的课程设计，我们挖掘紫竹国家高新区各类教育资源及社区公益资源，及时梳理，合理分类，并基于本班学生实际情况，探索建立学校与社区联动机制，让学生参与到社区环保行动中，在思想上了解环保的迫切性，在行动上提升参与环保的积极性，让环保理念真正地植于心、践于行。

一、建立学校与社区联动机制

根据学生的年段发展特点及需求,学生的环保活动更多地延伸到校外,深入社区,为了更有效地利用社区资源,我们探索建立了学校与社区间的联动机制。

(一) 社区资源内涵"广义化"

开展环保活动时涉及的社区资源是广义的,不仅针对社区内部原有的资源,比如本地区的河道保卫团队和政府部门,还包括社区相关的企业、文化服务机构,如当地的图书馆、博物馆、科技馆、展览馆等。资源的丰富性使得学生参与的积极性更高,学生的视野也得到进一步的开拓,利于让学生真正了解社会、走进社会、奉献社会,真正成为社会公民。

(二) 学校与社区间良性互动

首先,从实施主体上,社区不仅仅是为了配合学校开展的各项环保活动而提供一定的资源,也是环保活动的倡议者,社区资源理应被整合到学校的校本环保课程或系列活动之中。其次,从活动开展上,学校通过与社区协商,形成规范、序列化的环保活动。活动的开展从时间上来看,应该是长期性的;从内容上看,通过与社区沟通协商,形成了分主题、分学段等一系列的校本特色活动。

二、开展"做社区的守护人"活动

(一) 道路整洁,我宣扬

闵行区的永德路,是我们这里的步行街。虽然没有车来车往,但是由于人员过多,这里总是又脏又乱。学生利用假日组建小队来到此地进行了实地考察,沿途边走边记录导致环境变差的原因。他们发现最为严重的现象在于行人乱扔垃圾、沿街花草被严重践踏、沿街食品商店倾倒垃圾严重等。根据这些考察内容,小队成员进行了讨论,并针对这些问题着手制作环保宣传单。两周后,他们带着宣传单再次来到这条步行街,并沿街进行发放。许多来往行人对他们的这种行为都表示了赞同,并表示很乐于接受他们在宣传单中提出的理念。

（二）河道治理，我参与

我们班级结合了学校亲子旅游节，开展了"品秋"主题活动。在活动中，以张更大老人的优秀事迹为引子，学生进一步了解了本地区河道治理的基本情况，并参与到了本地区河道治理的相关活动中。

学生学习了吴泾地区优秀环保卫士张更大爷爷的事迹。一开始，他们仅仅通过互联网去收集资料，而互联网上的内容仅限于一些简单的事迹报道和照片，并不全面。因此我引导学生关注学校和社区的资源，让他们以小队的形式，通过与学校相关负责人以及社区相关人员进行联系，进一步获取更多信息。在与校外人员联系的过程中，学生起初十分茫然，不知如何入手。学校大队辅导员热心提供帮助，为学生安排了一次对吴泾镇政府团委负责人的采访机会。为了把握此次采访机会，学生前期认真思考采访内容，并在采访过程中做了详实记录。通过此次采访，学生不仅对张更大爷爷有了进一步的认识，而且了解到更多本地区的环保团队，同时通过深度探究张更大老人的环保行为及其影响力，感受他热心环保、热爱家乡、坚守信念、以己之力影响周边人的精神之美。

此外，我们还联系到了友爱中学的"友中号"团队的相关负责人，并与该团队进行结对；同时，还加入了吴泾地区"保卫母亲河"团队，跟随他们一同前往黄浦江畔进行垃圾打捞工作。

（三）社区文明，我出力

随后，我们进一步扩大了社区环保活动的范围。随着近几年《上海市烟花爆竹安全管理条例》的落实，学生对烟花爆竹对环境的危害进行了调查，并在过年期间，以小队形式开展宣传工作，倡导维护小区的环境卫生及安全，共建和谐美丽家园。

另外，他们还积极为社区做一些自己力所能及的事，如为社区中的其他成年环保志愿者推垃圾车、收拾地面垃圾等。通过这些力所能及的事，他们将满腔激情转化为更加理性而持续的行为，做真正的公益环保的传承者和守护人。

三、收获：环保理念入人心

通过活动，从校内到校外、从认知到行动、从简单到丰富，多角度、立体化地引导学生建立了正确的环保观。从学习生活中，学生们处处展现了环境守护者的主人翁意识，并在此过程中不断地提升对环保内涵的认知。经过环保实践活动，学生深深地体会到了身为"最美守护人"的社会价值，他们通过自身力所能及的宣传活动，传递自身的环保理念，让身边更多的人认识环保，并意识到环保的迫切性及重要性。

学生在参与一系列环保活动后，发现这些活动都是自己能力范围以内的事。在有了一定的环保意识之后，学生将环保视为己任，因此乐于贡献出哪怕相当微薄的一己之力，提升公益心，学会关爱他人、关爱社会。

（作者：上海市华东师范大学附属紫竹小学　季晓薇）

上述两个案例给我们的启发是，可以从资源利用和文明共建的角度，以校社联动的方式开展行为规范教育，拓展行为规范教育空间。社会是个大课堂，是一个在历史、文化、科技、经济等方面资源丰厚的宝藏，挖掘、选择适宜的资源来助力行为规范教育，是对单纯学校教育的有益补充，可以让教育更有依托和底蕴；而充分地将学校行为规范教育与社区的文明建设融合到一起，不仅有利于学生，还可以全面地提升整个社区的育人环境。

总之，学校教育、家庭教育与社会教育三者之间有着不可分割的紧密联系。其中，家庭教育决定个体的学校教育起点，学校教育需要家庭教育提供很好的支撑与导向作用，而社会教育能够为学校教育起到良好的反馈，并为家庭教育提供一个优越的教育环境[①]。学校应积极探索，将这三种教育形态充分地结合起来，从而构建"三位一体"的共育模式。

---

① 孙茂安．关于学校、家庭、社会"三位一体"教育合作的思考[J]．中国校外教育(中旬)，2016(10)：16.

伴随对行为规范教育研究的逐步深入,我们发现仍有理论研究的瓶颈需要突破,有更多的现实问题与教育困境需要面对,开展行为规范教育的实践研究无论在当下,还是在未来都有重要意义。

学校行为规范教育永远面临社会发展的挑战

行为规范教育是人们尊重社会规则、推动社会有序发展的基础,是我国依法治国的基础,让学生具备道德理想引导下的自觉行为是行为规范教育的最终目标。学生的人生观、世界观、价值观必然会受到社会文化环境、物质环境的影响。当前随着文化全球化发展,我国优秀传统文化的影响力变弱,人们的价值取向呈现多元化,不同阶层的群体间因利益冲突引发的对价值取向的较量,使中小学生在道德认同、评价及日常道德行为中出现迷茫与困惑[①]。如何对学生成长起到切实有效的正向引导作用,需要学校教育做出回应。

学校的行为规范教育没有零起点,每个孩子从入学时都会带着自身独特的家庭教育背景。我们所生活的上海,是中国经济最发达、现代化程度最高的城市之一,是一座海纳百川的国际化大都市。四面八方而来的外地人员是促成上海发展和繁荣的重要推动力,同时他们也为上海教育带来了更为多元和复杂的生源特征和教育背景。如何形成家、校、社合力,使最基础的行为规范真正成为学生的生活习惯,这一问题十分值得探讨。

现在的学生是信息时代的"土著",网络已成为中小学生普遍参与社会生活的

---

① 王凌霞. 青少年德性养成的要素分析与路径选择[J]. 教学与管理(理论版),2016(12):68-70.

重要方式,而许多学校甚至还没有意识到网络方面行为规范教育的紧迫性。个人信息安全、网上权益保护、网络社群生活等一系列涉及学生行为要求的规范需要尽快进入基础教育领域。互联网、人工智能技术等依旧在迅猛发展,学校教育如何跟上时代步伐,是教育者面临的一个重要现实问题。

行为规范教育的科学性、有效性是永远的教育命题

行为规范教育不是塑造条件反射的训练,我们需要在保护学生独立意志的前提下,促使学生养成符合社会要求的规范行为,如何在形成行为习惯条件反射的训练和促进态度的形成或改变之间寻求教育的平衡需要一直追问。

对于行为规范教育的目标与内容的序列化,目前的主要做法是根据不同年龄阶段学生的特点,制定差异化的目标与内容,目标与内容之间体现层次性和递进性,从而推动学生道德水平和行为习惯的持续进步。但更高层次的序列化应该是让学生所养成的良好习惯从一个情境向其他情境迁移,这样有利于道德推理思维的提高。从道德原则角度出发进行行为规范教育目标和内容的序列化,这有待我们的进一步研究。

关于学生行为规范教育衔接问题,我们也需要更多的理性思考。衔接体现在时间和空间两个方面。由于大部分学校只是针对一个学段,十二年一贯、九年一贯、完中类型的学校不多,导致学校在行为规范教育实践上相对注意本学段,缺乏对时间上前延后续的一体化关注。空间衔接问题指的是不同场合之间学生的良好行为不能迁移,在教室里守规矩,在学校专用教室、在家里、在社会公共空间却不一定能做到。

学校行为规范教育永远面临社会发展的新要求,我们需要不断在实现人的社会化和保证人的独立性上进行教育的实践探索。衷心希望通过本书,能带动更多的人参与到中小学行为规范教育的实践和研究中,让行为规范教育奠定人一生发展的基础,打好实现更好生活的人生底色。同时,由于学识和时间所限,本书难免还存在不妥之处,恳请广大读者不吝指正。